청 년 목 자
청 년 사 역 매 뉴 얼
Young Adult Ministry Manual

⊙ ESF는

기독대학인회(ESF: Evangelical Student Fellowship)는
사도행전 1장 8절에서 선포되고 있는 예수님의 지상명령에
근거하여 캠퍼스복음화를 통한 통일성서한국,
세계선교를 주요 목표로 삼고 있는 초교파적 선교단체입니다.

⊙ ESP는

Evangelical Student Fellowship Press의 약어로
기독대학인회(ESF)의 출판부입니다.

청년목자 청년사역매뉴얼
Young Adult Ministry Manual

2014년 1월 20일 초판 1쇄 발행
지은이 | 임종학
펴낸이 | 김성희
편집장 | 유정훈
표지 디자인 | 장윤주
편집 | 조지선
펴낸 곳 | (사) 기독대학인회 출판부 (ESP)
등록 | 제 12-316 호
주소 | 142-815 서울시 강북구 솔샘로 67길 104 2층
전화 | Tel 02) 989-3476~7 | Fax 02) 989-3385
이메일 | esfpress@hanmail.net
공급처 | 기독교출판유통 031)906-9191

ISBN 978-89-89108-72-6
값 8,000원

청년목자

청년사역 매뉴얼
Young Adult Ministry Manual

To _____

From _____

Contents

추천사 ·10

일러두기 ·12

들어가는 말 ·18

1. 왜 청년 대학생 사역인가? ·21

2. 복음에 나타난 운동성을 활성화하라 ·43

3. 리더십이 중요하다 ·59

4. 비전을 제시하라 ·87

5. 성취감을 갖도록 하라 ·99

6. 재정 자립성을 갖게 하라 ·115

7. 인격훈련을 시켜라 ·127

8. 공부하는 청년 대학생으로 만들라 ·139

9. Workshop(실습)을 시켜라 ·151

10. 제자양성을 할 수 있도록 도우라 ·161

나오는 말 ·170

청년을 살리는 목자가 필요한 시대

교회는 위기다. 수십 년 전 유럽 교회가 처했던 어려움이 바로 우리 땅에서 재현되고 있다. 교회의 위기는 청년들이 교회에서 사라지는 현상에서 극명하게 확인되고 있다. 천여 명이 모인 교회에 청년들이 20명도 안되는 지역교회가 많다. 20, 30년 내로 교회 문이 닫히고 극장이나 술집, 회교사원으로 바뀌는 일이 일어날지도 모른다. 어찌할 것인가?

교회 위기 극복에 앞장서야 할 사람이 청년사역자들이다. 교회 부흥에 전략적으로 가장 중요한 위치에 있는 주의 종들이 바로 복음과 사랑과 성령의 능력으로 청년 대학생들을 섬길 청년 목자들이다.

청년 목자의 영원한 모델은 예수 그리스도이시다. 우리 주님은 12제자들, 소수의 청년들에게 집중해서 사역하셨다. 그리스도의 청년사역의 열매가 바로 교회 설립이요, 하나님 나라의 확장 아니겠는가. 교회 역사를 통해 전 세계에서 죽어가던 교회를 복음으로 다시 살리는 역사에서 대학생 사역이 결정적 역할을 해왔다. 1970~80년대 한국교회의 놀라운 성장을 주도해온 중심 세력도 대학생 선교단체 간사들이었다.

〈청년목자〉의 저자 임종학 목사는 지난 40여 년 ESF와 학원복음화협의회에서 가깝게 동역해온 믿음의 형제요 동역자이다. 개인적으로 가장 존경하고 사랑하는 후배 사역자 중의 한 사람이다. 그가 청년대학생들의 목자로 부르심 받아 예수님의 발자취를 따르기 위해 바친 눈물, 고통, 헌신은 초인적 수준이었다. 그의 사역의 열매는 가히 한국 대학생 사역에 있어서 견줄 만한 인물을 찾기 어려울 정도다.

그가 숱한 실수와 성공의 경험을 반복하고 예수님과 바울, 선배들에게서 배우는 과정에서 얻은 보배로운 교훈을 후배 청년 목자들을 위해 책으로 엮어냈다. 늦었지만, 그만큼 농익은 영적 깨달음과 보화가 그득 담긴 책이다. 이 책이 청년사역자들의 필독서로, 교회와 선교단체에서 청년들을 섬기느라고 고생하는 후배 동역자들에게 아주 귀하게 쓰임 받게 될 줄 믿는다.

이승장 목사
(ESF 초대 총무, 학원복음화협의회 고문)

청년사역의 위기와 청년사역자의 목마름

청년사역이 어려운 시기가 없었던 것은 아니지만, 지금의 한국교회와 청년사역은 시계(視界)가 더욱 불안정한 형국이다. 오고가는 시간의 흐름 속에서 묵은 해가 지고 새로운 해가 밝았지만 불가시적인 현상은 여전히 진행형이다. 청년들이 활동하는 대학가의 문화는 그 시대의 문화형태를 진단할 수 있는 바로미터가 된다. 우리시대 대학가에서 호흡하고 있는 청년대학생들이 많이 변화하고 있다. 베테랑 청년대학부 사역자들이나 대학선교단체 간사들은 해마다 맞게되는 신입생들의 새로움과 별남에 놀란다. 그래서 요즘에는 대학의 신입생들을 '미전도 종족'이라는 별명을 부르고 있다. 그럼에도 청년시절의 열정과 패기, 고민과 불안 등의 모습은 세대가 변해가도 크게 달라지지 않고 있다. 세상에 복음이 여전히 필요한 것처럼 청년대학생들에게도 복음의 능력은 여전히 유효하다.

청년사역자들도 많이 젊어지고 새로워졌다. 청년사역의 장점은 무모함을 동반한 변화와 도전이 가능하다는 것이다. 이러한 실험정신이 절실하게 요구되는 상황이다. 자기혁신이 요구되는 것이다. 현재 각 선교단체와 교회 청년대학부에서 이러한 도전과 실험들이 진행되고 있다. 그러나 나름 도전과 비전을 가지고 청년사역에 뛰어들지만 오래가지 못해 한계를 느끼고 피로감에 주저앉는 모습을 종종 보곤 한다. 그래서 청년사역자들은 목마르다.

아, 청년목자!

마침 임종학 목사의 "청년목자"가 출간되어 이러한 갈증을 해소할 수 있겠다는 기대를 가져본다. 필자는 대학시절부터 저자 임종학 목사의 사랑과 섬김을 받아왔다. 그분은 삶 자체가 "청년목자"였다. 이 청년목자는 지난 수십 년간 청년들에게 직접 목자상을 심어 주었다. 그리고 청년사역자들의 멘토가 되어 강의와 상담을 통해 청년사역자들에게 비전을 심어주었고 모델이 되었다. 그의 청년목자 사역이 이 책을 통해서 정리될 수 있어 참으로 기쁘다.

이 책은 청년들과 소통하는 법을 가르쳐 준다. 청년들의 마음을 얻는 지혜도 가르쳐 준다. 복음이 청년들에게 보다 효과적으로 나타날 수 있는 길을 제시해 주고 있어 좋다. 이 책은 다음과 같은 내용을 담고 있다.

1장에서는 그 많은 세대들 중에서 왜 '청년사역' 인가에 대해 설득력 있게 말한다. 미래에 대한 기대를 가지고 있는 사역자만이 청년의 가치를 알 수 있는 것이다. 2장에서는 청년사역의 핵심이 무엇인지를 알려준다. 프로그램이나 즐거움이 아닌 복음이 필요함을 말한다.

3장에서는 리더십의 중요성을 일깨워 준다. 특히, 청년사역자의 리더십을 강조하고 있다. 사역자의 생물학적 나이의 많고 적음보다도 사고의 젊음이 더 중요함을 느끼게 한다. 4장에서는 '비전'의 중요성을 강조한다. 어떤 비전을 세워야 하는지, 어떻게 세워야 하는지, 비전이 사역에 효과적으로 접목되기 위해서는 무슨 노력이 필요한지를 잘 드러내고 있다. 5장 '성취감을 갖도록 하라'에서는 실패의 경험을 승리의 밑받침으로 만드는 방법을 알려 준다. 청년사역자들이 가볍게 여겼던 것들이 도리어 얼마나 중요한지를 발견하게 된다.

6장 '재정 자립성을 갖게 하라'는 청년들에게야 말로 바른 물질관 훈련이 필요하다는 사실과, 바른 가치관을 가지고 말씀과 비전을 추구하는 신앙을 갖도록 도전한다. 7장 '인격훈련을 시켜라'는 청년대학생들의 신앙 훈련의 목표가 무엇인지 잊지 않게 만들어 준다. 교회나 단체의 일꾼으로만 여길 것이 아니라, 그 존재 자체가 '하나님의 나라'요, 하나님 나라의 미래임을 생각하고, 개인 신앙의 목표를 어떻게 잡아야 하는지, 그 신앙 인격을 어떻게 키워나갈 수 있는지 답을 찾게 한다.

8장 '공부하는 청년 대학생으로 만들라'는 좀더 현실적인 것을 다룬다. 신앙과 사회가 별개가 아니라 연결이 되어 있으며, 청년기에 미래를 준비하기 위해 반드시 요구되는 것이 무엇인지를 강조한다. 사역자로서 청년들이 대학졸업 후 어떤 크리스천 직장인이 될 것인지 준비하며, 더 나아가 영향력 있는 크리스천이 되기 위해서 어떤 준비들을 하도록 할 것인지 친절하게 안내해 준다. 9장은 실습의 중요성을 강조한다. 말과 글로만 배우면 한계가 있다는 것이다. 그래서 몸으로 익힌 것만이 자신의 것이 됨을 알려준다. 마지막으로 10장 '제자양성을 할 수 있도록 도우라'에서는 한 세대에서만 성장과 부흥을 맛보고 사라지는 청년사역이 아니라 시간이 흐르고 세대가 더해 갈수록 성장하는 청년공동체가 되는 비결을 소개하고 있다.

청년사역과 하나님 나라

사실, 청년들을 대상으로 사역하는 것은 '뿌리는 목회'라는 인식이 많다. 그래서 당장 거두는데 관심이 많은 목회자들에게는 청년사역은 '밑 빠진 독에 물 붓기'에 불과하다. 그렇다. 청년목회는 뿌리는 목회이다. 그러나 뿌려진 씨앗이 건강하게 성장할 때 한국교회 미래의 주역으로 헌신하게 될 것이다. 청년들은 다듬기 전의 원석과 같은 존재들이다. 거친 돌이라고 함부로 다루거나 쓸모없는 돌로 치부한다면 보석처럼 빛나기도 전에 기독교를 떠나 갈 것이다.

청년들에게 복음의 씨앗을 심는 사역을 중단할 수 없다. 오늘도 우리는 눈물로 씨를 뿌려야 한다. 그리하여 새벽이슬 같은 주의 청년들이 형성하는 영적상록수림에서 대학과 사회, 세계를 하나님 나라로 이끌 리더들이 나오길 기대한다. 그렇게 형성되는 영적거목들이 운집한 산림이 한국교회를 살찌우는 강력한 복음진지요, 세계사를 바꾸는 요새요, 하나님 나라 운동의 근거지가 되길 기도한다.

감사한 일은 '청년이 살아야 교회가 산다'는 인식을 가진 목회자와 교회들이 늘어가고 있다는 것이다. 학원복음화협의회, 선교한국 등 대학선교단체들과 교회와의 아름다운 동역을 기반으로 진행되

어 우 건강한 연합으로이 시속된 결과라고 할 수 있다. 이러한 환경
을 기반으로 청년중심의 목회로 교회 전체가 성장하는 것을 경험하
는 사례들은 한국교회를 새롭게 하는 자극이 될 것이다. 이런 점에
서 본서는 매우 좋은 길잡이가 될 것이다.

청년목자와 하나님 나라

언젠가 학원복음화협의회에 소속된 단체 대표들과 함께 '남
이섬'에 다녀올 기회가 있었다. 남이섬은 1965년에 민병도 선생
(1916~2006)이 토지를 매입, 당시에 모래뿐인 불모지에 다양한 나
무들을 심기 시작하여 오늘에 이르게 되었다고 한다. 지금은 '주식
회사 남이섬'이라는 사회적 기업으로 "문화예술과 자연생태의 청
정원" 역할을 자임하고 있는 곳이다. 연간 150만 명이 방문하고 있
는 남이섬은 사회적 공헌도가 매우 높은 기업이며, 시민환경단체들
과 친환경 공동체를 이루어 가고 있고, 문화창작 공간 역할을 수행
하는 으뜸자리가 되었다. 이는 50년 전에 미래의 후손들과 자연을
생각하며 거룩한 섬김과 투자를 결단했던 한 사람이 있었기에 가능
했다.

우리 청년사역자들은 청년들에게 심긴 말씀으로 장차 열매 맺는
하나님 나라를 꿈꾸는 사람들이다. 비록 각박한 사역의 자리를 지
키고 있지만, 우리가 섬기는 소중한 공동체에서 하나님 나라를 꿈
꾸며 연습하는 사역자들이다. 각 교회와 단체마다 하나님 나라를
위해 배출하고자 하는 나름의 제자상이 있다. 이러한 제자들로 형
성된 영적상록수림에서 대학과 사회, 세계를 하나님 나라로 이끌

리더들이 나오길 기대하자. 그렇게 40~50년이 지나면서 형성되는 거목들로 운집한 삼림이 한국교회를 살찌우는 강력한 복음진지요, 세계사를 바꾸는 요새요, 하나님나라 운동의 근거지가 되길 기도하자.

지금의 청년사역은 이 사역을 위해 거룩한 투자를 아끼지 않았던 선배들의 수고가 있었기에 가능했다. 그리고 더욱 기대되는 것은 해마다 새로운 청년목자들이 헌신하고 있다는 것이다. 이 청년목자들은 청년들과 문화적인 동질성을 가지고 대학가의 영적 전투현장 최전선에서 분투하고 있다. 오늘 청년사역 현장에서 한 그루의 나무를 심기 위해 감수하고 있는 청년목자들의 거룩한 희생-청년들에 대한 사랑과 섬김, 말씀연구와 기도헌신, 대학과 사회에서 하나님 형상으로 살아가기 등이 반드시 열매로 나타날 것을 믿는다. 임종학 목사의 "청년목자"가 청년사역자들에게 꼭 필요한 지침서가 되어 "또 다른 청년목자"를 일으켜 하나님 나라를 이루는데 귀하게 사용되길 바라는 바이다.

김성희 목사
(ESF 대표)

▰ 들어가는 말 ▰

    필자는 대학 1학년이었던 20대 초반에 캠퍼스에서 ESF(기독대학인회) 선교단체를 통해 예수님을 만났고 이 단체의 간사로 20년 동안 봉사하면서 대학생 사역과 청년 복음 전파를 위해서 헌신해왔다. 첫 간사 사역은 30여 명으로 시작했지만 20년 후 퇴임할 때에는 400~500명의 회원을 이루게 되었고, 사역 기간에는 매년 50여 명 이상의 제자를 양성하여 사회에 배출하여 졸업생 1,000여 명이 사회 각계각층에서 활동하게 되었으며 이들에 의하여 전국의 10여 개 도시의 지부를 설립하기에 이르렀다. 퇴임 이후 나는 전주 재언교회에서 성도들을 섬기면서 청년사역의 경험을 교회에 적용하여 상당한 성과를 이루었다.

    마침 개신대학원대학교에서 청년사역에 대한 나의 헌신과 열매를 보고 실천신학교수로서 강의를 부탁받았다. 이 일이 기쁜 것은 내가 교수가 되어서가 아니라, 비록 청년사역에서 은퇴했지만 계속해서 청년사역을 위한 후계자를 양성할 수 있었기 때문이다. 최근에 ESF 대표로부터 지난 경험을 살려 청년사역에 대한 실제적 도움이 될 수 있는 책을 발간하면 좋겠다는 요청을 받았다. 본서는 개신대학원대학교에서 "청년사역 어떻게 할 것인가?" 하는 주제로 강의한 것을 책으로 발간하고자 정리한 것이다. 이 책은 학문적 체계를 지니기보다 캠퍼스 현장과 교회에서 부딪히고 깨어지면서 배우고 깨달은 나의 산경험과 지혜를 진술한 내용으로 구성되었다. 모두가 알고 있지만 나는 이것을 실천해 보았다는 점에서 다른 책과 차별화된다고 할 수 있다.

나의 경험이 책이 되어 나온다니 부끄럽기 짝이 없다. 하지만 이 작은 책이 청년사역에 관심 있는 교회의 지도자들과 사랑하는 후배들인 대학 선교단체의 간사들에게 작은 도움이 될 수 있다면 나는 기꺼이 부끄러움을 당할 각오가 되어 있다. 중요한 것은 내 자랑이 아니라 이 땅에 청년 복음운동이 일어나기를 소망하기 때문이다.

부족한 종을 영광스런 청년사역에 불러주시고 쓰임 받게 하신 하나님께 영광과 감사를 드린다. 필자와 결혼하여 40년 가까이 믿음의 동역자로 기쁨과 슬픔을 같이한 아내 양영자와 자녀들에게 고마운 마음을 전한다. 또한, 졸고를 읽으시고 추천의 글을 써주신 이승장 목사님을 비롯하여 필자를 아껴주신 안병호, 장창식, 손석태 목사님과 동료 선후배들의 격려와 사랑을 기억한다.

책의 출판을 위해 정성을 다한 임성근, 김성희, 유정훈 목사님과 출판부 편집자에게 특별한 감사를 드린다. 무엇보다도 저와 함께했던 사랑하는 믿음의 가족, ESF 졸업생들과 재언교회 성도님들에게 고마움을 전한다. 지금도 청년사역의 현장에서 선한목자 되신 주님을 닮은 청년목자가 되기 위해 분투하고 있는 하나님의 종들에게 은혜주시길 기도한다.

2014년 1월
임종학

1장

왜 청년 대학생 사역인가?

1장. 왜 청년 대학생 사역인가?

현재 한국교회는 1970년대와 80년대에 놀라운 부흥과 성장을 이루었다. 그런데 90년대 이후로 성장이 둔화되기 시작했고 현재는 통계상으로 지속적인 감소현상을 보이고 있다. 몇몇의 대형교회는 간혹 성장하고 있으나 대부분의 교회는 정체현상을 면치 못하고 있다. 또한 성장하는 대형교회들도 주거이전에 따른 교인들의 수평이동이 대부분이다. 수평이동에 의한 성장이 한국교회에 전혀 유익이 없는 것은 아니지만 새신자 전도에 의한 한국교회의 성장을 생각할 때에는 부족한 점이 있는 것이 사실이다. 좀 더 적극적인 전도전략이 아니면 한국교회의 앞날이 어둡다는 것을 모두가 인식하고 있다. 이는 최근에 발표된 통계에 의한 지난 10년간(1995~2005)의 기독교인구 정체가 증명하고 있다.[1] 이에 따라 많은 신학자들이나 목회자들에 의해 한국교회의 지속적인 성장을 위한 여러 가지 대책이나 사례연구 등이 나오고 있다. 실로 한국교회의 성장둔화는 참으로 심각한 일이 아닐 수 없다. 미국이나 유럽의 국가들은 기독교인의 비율이 90% 이상일 때에 둔화현상이 왔었다. 그러나 우리의 경우 아직 25% 수준에서 둔화현상이 오고 있다. 이러한 점에서 한국교회는 심각한 위기에 직면해 있다고 할 수 있다.

교회 성장의 둔화 원인은 여러 가지가 있겠지만 그중의 하나가 청년사역의 둔화라고 생각한다. 청년사역의 둔화가 10여 년 후에는 교회 성장의 둔화로 이어지는 것은 불 보듯 뻔한 일이다. "가정이 자녀를 잘 양육할 때 그 나라가 세계를 지배하듯 청년을 지배하고 다스리는 교회가 앞으로 한국교회를 지배할 것이 틀림없습니다. 청년을 잘 섬기는 목회자가 승리할 것이고 청년 목회를 잘하는 교회가 승리할 것입니다."라고 김동호 목사는 강조한다.

필자도 김동호 목사와 의견을 같이 한다. 청년 대학생들이 증가할 수 있다면 한국교회의 미래는 소망이 있다고 생각한다. 그런데 문제는 교회가 세상의 변화와 요구에 정신을 빼앗긴 나머지, 미래

---

1) 1995년과 2005년에 실시한 인구총주택조사 종교부분에서 10년간 전체 기독교 인구는 14만 3898명이 감소했다. 연령대별로 분석한 결과, 20~34세의 젊은 세대의 감소추이가 두드러졌다. 1995년에 기독인은 10~14세가 86만 6373명, 15~19세가 84만 1780명, 20~24세가 91만 5230명이었다. 이들은 10년이 지난 2005년에는 20~24세가 68만 4430명, 25~29세가 62만 6381명, 30~34세가 71만 4953명으로 59만 7619명이 급감하였다. 60만 대군의 젊은이들이 10년 사이에 기독교에서 이탈한 것이다. 현재 20대 중반에서 30대에 해당하는 이들의 현주소는 더욱 심각할 것으로 추정된다. 그 여진이 각 단체와 교회에 여전히 남아있다. 한국교회가 선교사 파송숫자로 2위 선교국이라고 자랑하지만 내부적으로는 이렇게 침체되는 양상이다.

의 수많은 청년들에 대해 무관심하다는 것이나. 이로 인해서 교회에서 기독청년들이 급속도로 줄어들고 있다. 줄어드는 청년공동체의 현상에 대해 몇몇 리더들은 위기감을 가지고 대처해 보고자 하지만 이미 신앙과 진리에 관심을 상실한 청년들과 그들의 문화 앞에서 무기력하기만 하다. 이대로 한국교회는 무너져야만 하는가? 그럴 수 없다. 이제 한국교회는 넓게는 교단 차원에서, 좁게는 개교회 차원에서 온 힘을 모아 청년들을 한국교회의 미래를 짊어질 재목들로 키워나갈 방안을 마련해야 한다.

이에 필자는 청년사역자들, 청년사역 전문단체들과 함께 공동체의 바른 모습이 무엇인지 끊임없이 고민하고, 다양한 관심 영역을 가진 청년들을 기독교 신앙으로 묶어내는 방법을 독자들과 나누고자 한다. 필자는 청년 대학생 선교의 방법을 논하기 전에 그 필요성을 선교적 측면과 전략적 측면에서 살펴보고자 한다. 왜냐하면 필요성을 인식할 때 더욱더 열정적이며 효과적으로 청년사역을 할 수 있기 때문이다. 다음의 두 말씀을 읽어보자. 이 말씀들은 사도 바울이 로마를 어떤 관점에서 바라보았는가를 잘 나타내주고 있다.

"이 일이 있은 후에 바울이 마게도냐와 아가야를 거쳐 예루살렘에 가기로 작정하여 이르되 내가 거기 갔다가 후에 로마도 보아야 하리라 하고"(행 19:21)
"이제는 이 지방에 일할 곳이 없고 또 여러 해 전부터 언제든지 서바나로 갈 때에 너희에게 가기를 바라고 있었으니 이는 지나가는 길에 너희를 보고 먼저 너희와 사귐으로 얼마간 기쁨을 가진 후에

너희가 그리로 보내주기를 바람이라"(롬 15:23,24)

사도행전 19:21의 말씀이 로마를 선교의 대상으로 바라본 것이라면, 로마서 15:23, 24의 말씀은 로마 선교를 전략적인 측면에서 바라본 것이다. 사도행전에 나타난 로마 선교의 목적은 당시 세계의 중심인 로마 복음화를 통해 땅 끝까지 복음을 전하고자 하는 사도 바울의 선교에 대한 전략적 접근이 나타난다. 이와 같이 복음을 증거하기 위해서는 선교적 측면과 전략적인 측면을 동시에 고려하는 것이 마땅하며 지혜 있는 복음 증거라고 확신한다. 예수님의 공생애 사역에서도 이러한 선교적 측면과 전략적 측면이 동시에 나타나고 있다. 예수님이 천하 만민에게 복음을 전하기 위해서 병든 자, 가난한 자와 민족, 남녀노소를 불문하고 복음을 전한 것은 선교적 측면이라고 할 수 있다. 또한 열두 제자를 택하고 3년 동안 제자로 집중 양육한 것은 세계선교에 대한 전략적인 측면이라고 할 수 있다.

💗 청년 대학생들도 선교대상이다

청년 대학생들도 구원을 받아야 한다는 것은 매우 당연한 사실이다. 그럼에도 불구하고 교회에서는 여러 가지 이유로 이 분명한 사실을 간과하곤 한다. 교회 안에서 청년 대학생들은 흔히 '일꾼'으로 간주되기 일쑤이다. 유치부나 유초등부, 중·고등부는 부모나 교회에서 물심양면으로 많은 신경을 쓴다. 그러나 청년 대학생들은 교회 안에서는 '교육'이라는 단어보다는 '봉사'라는 단어에 더 밀

깊아게 버려되어 있다. 안타깝게도 많은 교회에는 청년 대학생이 가진 독특성을 바탕으로 한 교육이나 예배가 잘 마련되어 있지 않은 경우가 많다. 대신에 이들은 주일이면 각 기관과 예배에서 봉사만 하고 돌아가는 경우가 허다하다. 이들은 청년의 영적 에너지를 헌신이라는 고상한 이름으로 소모하고 있을 뿐이다. 이들이 힘이 부치거나 헌신 속에서 불만이 쌓여갈 때, 교회를 떠날 수밖에 없다. 소모적인 헌신만을 요구하는 청년공동체 활동은 결국 교회의 근간을 해칠 뿐이다.

또 청년 대학생 선교를 외면하는 이유로 이들에 대한 잘못된 인식을 들 수 있다. 교회에서 장년부는 교회의 부흥과 성장에 직결된다고 여기는 반면 청년들은 성인이 되는 과정에서 많은 변수가 있으므로 교회의 성장에 도움이 되지 않는다고 생각한다. 왜냐하면 대학을 졸업하고 타지로 취직하여 떠나거나 결혼하면서 모교회를 떠나는 경우가 허다하기 때문이다. 이런 경우 사역자의 입장에서는 헛심만 쓴 것이 아닌가 하는 허탈감이 들게 된다. 뿐만 아니라, 청년들의 특징상 원칙만을 강조하며 교회 정책에 비협조적인 태도를 보일 때가 있다. 혁신과 성장을 추구하며 거침없이 자기 의견을 표출하는 청년들의 성향이 어른들 입장에서는 무례하고 괘씸하게 여겨진다. 그러니 청년 대학생들에게 힘과 재정을 투자하여 전도하기보다는 청년들이 순종 잘하고 묵묵히 봉사에 힘쓰기만을 기대하는 것이다.

이러한 이유 때문에 목회자들이 청년공동체사역에 장년부만큼 관심을 갖지 않는다. 교회의 전도 교육 등의 우선순위에서 청년사역은 대체로 뒤로 밀린다. 청년사역에 대한 이러한 생각은 오해이다. 당장 이익이 되는 일에만 집중하는 것은 자본주의적 정신이다. 하나님 나라 운동은 오늘날의 시대정신인 자본주의에 도전하는 자세가 있어야 한다. 청년사역이 어렵기는 하지만 그렇다고 해서 외면할 수는 없다. 청년이 없는 교회에 어찌 미래가 있을 수 있으며 소망이 있겠는가? 아무리 어렵더라도 청년사역은 외면할 수 없다. 청년사역에 투자할 때 비로소 교회는 유지될 수 있을 뿐만 아니라 성장하고 부흥할 수 있다. 청년사역이 살아날 때, 하나님 나라의 미래가 있고 확장될 수 있다. 이러한 점에서 청년사역에 대한 투자는 '필요'에 의해서가 아니라 '의무'에 의해서 해야 하는 것이다.

또 다른 면에서 청년들은 선교의 대상이다. 대학 청년들은 일반인들이 보기에 모든 것을 다 가진 걱정없는 계층으로 보일 수 있다. 이들에게는 건강이 있으며 지식과 장래가 있는 것처럼 보인다. 이런 것은 돈으로 살 수 없는 것들이다. 그래서 청년들은 부족할 것 없는 계층으로 보여진다. 그러나 청년의 현실을 보자. 이들에게는 병역문제와 직장 그리고 결혼문제 등이 있다. 이것은 사람들이 생각하는 것처럼 배부른 고민이 아니다. 청년의 삶의 의미를 결정하는 생존의 문제이기도 하다. 청년 대학생들은 더 이상 '안녕'하지 못하다. 아침에 눈을 뜨는 것이 비겁하게 느껴진다. 부활하신 예수님이 제자들에게 심방 오셔서 "샬롬"을 선물하셨던 것처럼 오늘의 청년 대학생들에게도 예수님의 샬롬이 절실하다. 오늘의 청년들은 예전과 비교할 수 없을 만큼 삶의 무게를 지고 있다. 이러한 점에서 교회는 선교의 대상으로서 청년을 이해하고 싶다아는 선이 필요하다.
우리 시대는 청년들이 고통당하는 시대이다. 복음을 통한 청년의
치유가 절실하다. 필요가 아닌 선교의 의무로서 청년사역을 해야
한다.

🌳 청년 대학생 선교는 복음화로 가는 지름길이다

우리나라의 청년 대학생층은 대략 2~300만 명은 족히 된다. 온통
청년 대학생들이다. 청년 대학생 그룹은 우선 숫자적으로 엄청나게
많을 뿐 아니라 시간적으로나 공간적으로나 고도로 집약되어 있다
는 점을 주시해야 할 것이다. 대학 캠퍼스는 영혼 구원의 황금 어장
이다. 탁월한 어부는 물고기들의 길을 안다. 그리고 시기를 놓치지
않고 적절한 타이밍에 그물을 내릴 줄 안다. 고기가 없는 곳에서 수
백 번 그물질하는 것보다 황금어장에서 한 번 그물을 내리는 것이
백배는 낫다.

또한 단일계층에 집중되어 있다는 것은 교육적으로 매우 효과적
이다. 교육은 학력이나 나이, 문화, 지적능력 등이 같을 때 그 효과
가 높다. 청년 대학생 선교는 이러한 점에서 아주 유리하다. 이들은
동일한 수준의 대학생들이기에 집중적으로 교육을 할 수 있다. 필
자의 경험으로는 환경과 관심사가 비슷하기에 설교를 듣고 같은 내
용으로 모두가 함께 은혜 받는 일이 일어난다. 예를 들면, 취직 문제
등은 누구나 공통된 관심사이기에 이 부분을 신앙적으로 가르치면

모두가 공감하고 은혜를 받는다. 반면에 어른들은 관심사가 다르고 지적능력이 저마다 다르므로 말씀의 집중적인 적용이 쉽지 않고 또 적용을 하더라도 모두에게 공감대를 얻기도 어렵다. 예를 들면, 노인들은 손자문제, 죽음 등에 관심이 많다. 그리고 장년들은 돈 버는 문제, 자녀 교육, 자신의 직장이나 사회생활에 관심이 많다. 이러한 다양한 계층은 청년만큼 집중적이고 효과적인 양육을 하기가 쉽지 않다.

교회는 청년 대학생들에 대한 관심을 가져야 한다. 대학가에는 너무도 많은 이단과 사이비 단체들이 대학생들을 미혹하고 있다. 이 이단적인 세력들은 건전한 대학선교단체보다 더욱 열심히, 그리고 조직적이고도 치밀하게 활동하고 있다. 이들은 이단 교리에 대한 철저한 세뇌 교육, 맨투맨(man to man)식의 적극적인 포교, 위장 동아리로 잠입활동, 대학가 입구에 전략적인 거점(센터)을 마련하는 등 매우 체계적으로 활동하고 있다. 그러나 안타깝게도 대부분의 한국 교회는 대학과 대학생에 대한 관심이 별로 없는 듯하다.

대학은 복음 전파의 황금어장이다. 많은 청년들이 한 곳에 모여 있고, 이들의 지적 수준과 관심사가 비슷하다. 기독 청년 대학생 사역이 둔화된 이때에 기독교와 교회는 대학과 청년에 대한 연구에 발 벗고 나서야 한다. 교회가 제시하는 복음을 통해 청년의 영혼이 치료되며, 삶의 의미와 함께 장래에 대한 해답을 제시할 때, 청년들은 새벽이슬처럼 하나님 나라 운동에 참여하게 된다(시 110:1-3). 교회에 청년이 없는 것이 문제인가? 그렇지 않다. 교회가 청년에 대한 진지한 관심과 애정을 가지고 그들을 도우려고 하지 않는데 그 문제가 있다. 지난 2000년의 역사 속에서 기독교와 복음은 많은 시련 속에서도 살아남았다. 지금이라고 해서 복음이 청년들에게 다가설 수 없는 것이 아니다. 이 시대 청년들의 고뇌를 듣고 그에 대한 복음의 재해석과 적용이 있을 때, 청년들은 구원을 얻고 부흥의 꿈을 꾸면서 다시 모여들 줄 믿는다.

🌱 청년 대학생 사역은 교회 부흥의 지름길이다

필자는 앞에서 청년사역을 소홀히 하는 이유의 하나가 청년사역이 교회 성장에 그다지 도움이 되지 않는다는 오해에서 비롯되었다고 말했다. 그러나 필자는 여기서 청년사역이 교회나 공동체 성장에 큰 유익이 된다는 것을 말하고자 한다. 우리는 교회가 성장하고 부흥하기를 진심으로 바란다. 그러므로 청년사역이 교회의 성장에 결정적인 도움이 된다는 확신을 갖는다면 누구든지 그 일에 온전히 헌신할 것이다.

홍정길 목사는 "한국의 새로운 시대를 마련하기 위해서는 이미 자라서 생각이 굳어있는 사람을 움직이기보다는 자라나는 세대를 하나님 말씀으로 키워야 한다. 청년 대학생이 바르게 자라면 한국은 소망이 있다." (홍정길 저, 청년대학부를 살려라-두란노)고 말했다. 이는 기독청년의 장점은 사고의 유연성에 있으며, 그들이 하나님 말씀을 순수하게 받아들일 수 있는 영적 포용성을 가진다는 것을 의미한다. 변화를 두려워하지 않는 청년의 진취적인 사고의 유연성과 포용성이야말로 한국 교회의 소망이 된다는 것이다. 그러면 어떤 점에서 청년사역이 교회성장에 도움이 된다는 것인가?

첫째, 청년 대학생 선교는 교회 일꾼 양성의 지름길이다.

오늘날 한국교회를 비롯하여 많은 서구의 교회들이 일꾼 부족으로 고통을 받고 있다. 그러므로 각 교회 실정을 보면 청년들이 주일학교 교사, 찬양대, 교회 청소, 피아노 반주 등 허드렛일부터 시작하여 가르치는 사역에 이르도록 두루 봉사를 한다. 이런 상황에서 대부분 청년들은 1인 2역, 3역을 하고 있다. 이는 역설적으로 청년들이 가장 양질의 일꾼임을 설명하고 있다. 청년들이 가장 실질적인 일꾼이라는 것이다. 사실 청년들처럼 일꾼으로서 왕성한 활동력을 가진 사람들은 찾아보기가 힘들다. 그들은 체력이 좋고 지식적으로도 잘 갖추어져 있다. 그러므로 교회가 청년들을 잘 양성한다면 교회는 일꾼으로 넘쳐날 것이며 이로 인하여 교회는 폭발적으로 성장할 것이다.

미국엔 'Urbana Conference'가 있다.[2] 미국 IVF에서 주관하는 선교대회로 세계 청년 대학생과 청년 대학생 사역에 뜻을 품은 사람

---

2) 이 대회는 세계복음주의 학생운동권의 대표적인 선교대회로 보통 연말에 일주일간 진행된다. '제23회 어바나(Urbana) 2012대회'는 2012년 12월 27일부터 5일간에 걸쳐 미국 일리노이주립대 아메리칸 컨벤션센터에서 열렸다. 2012대회에는 캐나다 등 170여 개국 1만8천여 명의 복음주의 청년들이 세상을 예수 그리스도의 말씀으로 변혁시키기 위해서 무엇을 어떻게 할 것인가를 논의하고 기도하는 자리였다. 1946년 토론토대학에서 첫 대회를 가진 이후, 어바나대회는 66년간 청년선교운동의 대표모델로 자리 잡으면서 수많은 청년을 선교현장으로 동원했다. 어바나대회는 토론토 첫 대회 후 일리노이대학교로 장소를 정하고 3년마다 대회를 열어 왔다. 그간 거쳐 간 학생들은 25만 명이 넘는다. 이 선교대회를 롤 모델로 한국에서는 선교한국대회가 1988년부터 2년마다 개최되고 있다.

들이 모여서 수련회를 이룬다. 수련회 기간 중에 수련회 주변에는 각 교회나 선교회를 선전하는 부스(booth)가 세워진다. 이 부스는 그곳에 온 대학생들을 향해 "우리 교회로 오라"고 초청하는 장소이기도 하다. 수련회 장소이면서 동시에 인재를 찾는 인력시장인 것이다. 단체에서는 사람을 키우고 교회에서는 그와 동역하면서 그를 배출한 단체를 후원한다. 이 대회를 통해서 교회와 선교단체는 상호 보완관계로 맺어진다. 교회와 선교단체가 경쟁관계가 아니라 협력관계가 되는 것이다. 이 수련회를 통해서 훈련된 인재들이 하나님 나라 일꾼으로 풀가동된다.

우리나라에서도 최근에 CCC, ESF, IVF 등의 청년단체에서 청년들을 잘 양육하여 한국교회에 파송함으로 교회에 큰 힘이 되고 있다. 필자가 사역하였던 단체의 한 지구에서는 지난 20여 년 동안 목사가 100명 이상 배출되어 교회개척과 선교사, 학생사역자로 헌신하고 있다. 또한 1,000여 명의 졸업생들이 배출되어 사회에서 영향력있는 그리스도인으로 살아가고 있다. 그들은 직장과 교회, 가정에서 예수님의 제자로 살아가면서 하나님 나라를 이루기 위해 분투하는 삶의 자리를 지키고 있다. 이 모든 것이 청년 대학생 사역이기에 가능했다. 아무래도 청년사역은 대학생 선교 단체가 더 전문적이라고 할 수 있다. 교회는 선교단체를 신뢰하고 기다릴 줄 알아야 한다. 훈련받은 사람은 성숙한 일꾼의 모습으로 결국 교회로 돌아온다. 선교단체 또한 훈련된 기독청년을 교회로 돌려보내어 잘 섬길 수 있도록 가르치고 도와야 한다. 그러므로 교회는 선교단체를 동역자의 관계로 인정하고 이해하며 지원해야 한다. 어쨌든 교회는 훈련된 청년이 필요하다. 이를 위해서 청년 양성에 힘쓰든지, 아니면 전문적인 기독청년사역기관을 신뢰하며 인내하는 것이 필요하다.

둘째, 청년들은 단기간에 일꾼으로 양성된다.

일반적으로 청년들이 일꾼으로 교회에 봉사하기까지 성장하는 데는 시간이 많이 소요된다고 생각한다. 그러나 이것은 전적인 오해이다. 가령 대학 1학년을 전도했을 경우에 2~3년 만 지나면 훌륭한 일꾼이 된다. 대학생은 3~4년의 교육을 통하여 구역장을 할 수 있을 수준까지 이른다. 5~6년 지나면 십일조 교인이 되고 조금만 지나면 결혼하여 아내와 아이까지 갖게 된다. 대학생을 전도하여 훈련을 시킨 후 대략 10년이면 가능하다. 혹자는 생각하기를 10년이나 걸린다고 놀랄지 모르지만 그렇지 않다. 장년부의 경우에 초신자를 전도하여 주일 성수하고 십일조 교인까지 되려면 그 이상의 시간이 소요된다. 실제로 정체된 교회에서 성인 한 사람을 전도하여 일꾼으로 세우는 것은 쉽지 않다. 오히려 청년들을 전도하여 양육하면 오래지 않아 일꾼이 되고 교회에 활력을 준다.

위와 같은 사실은 청년사역이 일꾼 양성의 지름길이라는 것을 확인시켜 준다. 청년사역은 10년 후 교회성장의 보증수표이다. 당장의 필요를 위해서 소모적 헌신을 강요하기보다는 미래를 바라보면서 청년을 훈련시키고 가르쳐야 한다. 시간이 없다고 해서 훈련을 게을리하면 정작 시간이 흘러도 여전히 그곳에는 일꾼이 없다. 일꾼은 저절로 생기는 것이 아니라 훈련을 통해서 만들어지는 것이다. 한 일꾼을 세우기 위해서 지금 바로, 청년사역을 시작하는 것이야말로 시간을 아끼는 것이다. 지금은 청년사역을 통해서 일꾼을 양성해야 할 때이다.

셋째, 청년 대학생 선교는 교회 개혁과 변화를 가져온다.

교회의 성장은 변화와 개혁을 통한 내면의 성장이 있어야 가능하다. 낡고 굳은 조직이나 생각은 절대로 성장하지 못한다. 이러한 낡은 가죽 부대를 새 가죽 부대로 바꾸어야 성장이 가능하다. 구약시대의 낡은 가죽 부대는 예수님이 이루신 개혁을 통해서 새 가죽 부대로 바뀌었다. 이로 말미암아 기독교는 엄청난 발전과 성장을 이루었다. 또한 초대교회 이후로, 낡은 가죽 부대가 된 로마교황청이 이끄는 중세 교회는 루터와 칼빈의 변화와 개혁을 통해 개혁주의 교회로 성장했다. 이와 같은 변화와 개혁은 젊은이의 기상을 가진 자들에 의해 이루어진다. 교회에 신앙이 어린 젊은 성도들이 많이 있다면 교회는 꾸준히 변화하며 개혁을 이루어 싱싱하게 자라게 될 것이다.

학원 선교는 우리나라 선교역사에 실로 지대한 영향을 끼쳤다. 캠퍼스 선교 단체들은 50년대 후반에서부터 70년대 초반에 자생되거나 해외에서 유입되어 활동하였다. 선교단체에서는 성경공부와 기도를 강조하면서 동시에 전도와 세계선교를 강조했다. 이를 계기로 청년 대학생 사역들이 급속히 성장하게 되었는데, 이런 열풍은 교회에도 많은 영향을 끼치게 되었다. 오늘날 한국교회는 지난 60년대~80년대에 이르러 활발히 일어난 제자양성의 프로그램인 성경공부, 영적 교제 그리고 경건의 훈련 등을 통해 크게 부흥했다. 이 같은 한국교회의 부흥을 이끈 것은 캠퍼스 선교단체라는 것을 부인할 수 없다. 청년사역은 교회에 지속적인 활력을 준다. 마치 새봄에 돋는 가지처럼 앞으로도 교회를 활기차게 할 것이다. 이러한 점에서 진정으로 교회가 부흥하려면 기독청년사역에 애정어린 관심을 가지고 집중적인 투자를 해야만 한다는 것을 알 수 있다.

넷째, 청년사역은 개척교회 부흥에 있어서 가장 효과적인 방법이다.
개척교회의 부흥에 있어서 최대의 걸림돌은 교인 수 증가가 쉽지 않다는 것이다. 우리 주위에는 아직도 건물의 2층이나 지하실에서 십수 년씩 정체된 교회가 많이 있다. 대부분 장년 전도를 하다가 지쳐 버린 경우이다. 최근 교회 성장을 들여다보면, 수평이동 교인으로 급성장하는 경우가 많다. 그런데 문제는 기성교인들이 교회를 옮기는 경우에는 시설이나 숫자 면에서 일정한 규모가 갖추어진 교회를 선호한다는 것이다. 그러므로 건물도 지어져 있고 여러모로 안정된 곳으로 이동해 간다. 이러한 사실은 열악한 환경의 개척교회가 수평이동 교인을 받아 성장한다는 것이 대단히 어려운 일임을 보여준다.

반면에 청년들이나 중·고등학생들은 그렇지 않다. 그들은 어른들처럼 외형적인 조건이나 안정된 교회를 꼭 원하지는 않는다. 오히려 연약한 교회에 와서 돕고자 하는 희생정신이 있다. 그리고 청년들은 상당한 경우 인간관계에 의해 교회를 선택하는 경우가 많다. 그러므로 오지 않는 성인들을 바라보며 한숨짓기 보다는 청년을 전두하면 교회에 힐끼기 님씨나 이늘을 /~3년이면 훌륭힌 일꾼이 될 뿐만 아니라, 자신의 친구를 전도함으로 교회를 폭발적으로 부흥시키는 데에 기여한다.

필자가 교회를 개척할 때에 우리 교회에 중3(16세), 초6(13세)인 자매들이 있었다. 그런데 10년이 지나자 중3이었던 자매가 26세에 결혼을 하여 남편을 데리고 왔다. 그리고 아이를 셋이나 낳았고 개척 20주년을 맞는 지금 우리 교회의 기둥으로 성장했다. 그 당시 초·중·고생들이 우리 교회의 핵심을 이루어 함께 동역하여 교회 부흥을 주도하고 있다. 당시 대학생들은 나이가 40이 넘어 안수집사로 봉사한다. 반면에, 필자와 비슷한 시기에 교회를 개척했던 친구들은 지금까지도 안수집사 한 명 없이 외롭게 목회를 하는 친구들도 있다. 개척교회에서 청소년, 청년들을 전도하는 것이 어른에 비하여 쉽고 그들은 오래지 않아 교회의 일꾼이 된다. 세월은 우리가 생각하는 것보다 빠르다. 그러나 미래를 준비하지 않는 사람에게는 세월이 그저 지나가는 시간일 뿐이다.

지금부터 약 25년 전, 전주의 여자 목사님이 개척한 교회가 있었다. 당시에 교회는 시골의 논 가운데 있었으며 여자 목사님이 담임 목사여서 보수적인 성향의 전주에서는 성장하기가 매우 어려운 여건이었다. 그런데 이 목사님은 인근에 전주대학교와 중·고등학교가 있는 것에 착안하여 중·고등학생과 전주대학교 학생들을 중심으로 사역 방향을 정하였다. 그리고 필자에게 학생들을 잘 도울 수 있는 간사를 추천하여 주기를 부탁하여 간사를 추천한 일이 있었다. 청년사역에 맞는 간사를 구한 목사님은 꾸준히 중·고생과 대학생을 중심으로 양육과 전도를 하였다. 이렇게 사역하기를 20여 년, 그 결과 지금은 여러 가지 악조건을 딛고 중견 교회로 성장하였다. 그 교회는 비교적 안정된 직업인 교사, 의사, 간호사 등 일꾼이 많은 교회가 되었다. 청년사역으로 성공한 모범사례이다. 지금처럼 전도가 어렵고 교회 성장이 어려운 시기에는 청년사역이야말로 교회 성장의 해법이 될 수 있다.

다섯 째, 청년사역은 해외선교사 양성의 보고이다.

과거 우리나라의 선교 방향은 거의 대부분 '교회 개척' 이었다. 외국에 나가서 교회를 개척하고, 회심자를 만들고, 세례를 베푸는 것이 일반적인 흐름이었다. 파송기관인 각 교단에서는 선교사들에게 눈에 보이는 실적을 요구하기도 했기에 이런 흐름은 너무나 당연하게 여겨졌다. 그러나 지금의 선교 정책은 여러모로 다각화되어 있다. 선교사 가정의 개인적인 교회 개척보다는 팀 중심의 사역이 증가하고 있고, 현지인을 훈련시켜 자국인이 직접 교회를 개척할 수 있도록 지원하는 체제, 선교의 대상 또한(불특정 다수의) 일반인 전체가 아니라 각 계층을 집중적으로 공략하는 전략을 사용하고 있다. 또 가장 큰 변화 중 하나는 선교 자원자 중 목회자의 비중이 점점 줄어든다는 사실이다.

교회를 개척할 것이 아니라면 굳이 목회자 양성을 목적으로 하는 정규 신학교를 진학할 필요가 없다. 오히려 자기가 사역하고자 하는 분야에 관련된 훈련이나 기본적인 신학을 단기간에 마치고 파송되는 것이 바람직하다. 현재는 전문인으로서 자신의 직업을 가지고 그 직업을 틈에 뭐 시인들은 규제히면시 선노하는 자비량 선교나 협력 선교가 증가하고 있는 상황이다. 한 번 생각해 보자. 목사 안수를 받고 준비하여 선교사로 나가려면 아무리 빨라도 30대 초반의 나이가 되어야 한다. 게다가 현지 언어를 습득하여 설교를 할 수 있는 나이가 되려면 실제적으로 사역을 시작할 수 있는 시기는 30대 중반에서 후반의 나이가 되고 만다. 그러나 협력 선교를 하면 그 팀을 위한 문서 사역, 음악 사역 또는 언어 사역 등을 하기에 굳이 신학의 정규과정을 공부할 필요가 없다. 더 이른 나이에 선교현장에 투입될 수 있는 것이다.

선교사역은 청년일수록 좋다. 따라서 선교사가 되고자 하는 자는 나이가 적을수록 좋다. 정규 신학 과정과 목사 안수 과정을 모두 마치려면 너무 많은 시간을 보내게 되어 일할 수 있는 왕성한 시기를 놓치고 만다. 다른 분야에서도 마찬가지이다. 물론 나이가 많은 분들도 선교사로 헌신하면 그의 오랜 경륜과 경험은 현지에서 귀하게 사용될 것이다. 그렇다고 하여도 선교지에서는 젊은 선교사가 필요하다. 그렇다면 청년사역을 하지 않고서는 청년 선교사를 얻는 것이 불가능하다. 바울 선교회의 이동휘 목사는 얼마나 젊은 선교사가 절실히 필요하면 "사람을 내놓아라"고 외쳤겠는가? 우리나라 최고의 선교대회인 '선교한국대회'의 통계를 보면, 이 대회의 참석자 6,000명 중 50%에 가까운 3,000여 명이 선교사 헌신을 결단한다.

오늘날의 세계는 곳곳에서 선교사를 요구한다. 그러나 이를 충족시킬 선교사 지망생은 매우 부족한 상태이다. 선교사를 많이 파송하며 한국의 선교를 주도하고 있는 바울선교회의 대표이신 이동휘 목사는 「사람을 내놓아라」 는 책을 통해서 일꾼 양성의 중요함을 강조했는데 이러한 일꾼이 젊은이에게서 나오는 것은 너무 당연하다. 그러므로 청년사역은 "땅끝까지 복음을 전하라" 는 세계 선교의 핵심이다.

🌷 리더 양성의 지름길이다

어느 시대나 민족과 공동체에서 리더의 영향력은 막강하다. 바벨론 포로 시대의 다니엘 같은 리더는 포로생활을 하는 백성들에게 큰 위로와 소망이 되었다. 다니엘을 통해서 여호와 하나님의 위대하심이 온 천하에 드러났다. 예수님의 생애에 나타난 핵심적인 사업은 복음 전파와 제자양성이었다. 예수님은 제자양성을 통해서 복음이 자기 세대에 전파되는 것으로 그치지 않으시고, 모든 세대에 전파될 수 있도록 하셨다. 이러한 이유로 예수님이 제자들과 대화하며 훈련시키는 일들이 복음서에 많이 언급되었다. 예수님은 리더의 중요성을 이미 잘 알고 계셨고, 그 생애의 중심을 제자양성에 바치셨다. 오늘날 우리가 복음을 듣는 은혜를 누리는 것도 예수님의 집중된 제자양성의 결과이다.

이러한 이유로 리더 한 사람의 변화는 복음전파의 첩경이다. 회사나 직장의 대표자가 성숙한 그리스도인일 경우 그곳의 대부분의 사람들이 그의 신앙에 감화를 받아 자발적으로 신자가 되는 경우를 종종 접한다. 특수한 상황이지만 군대에서 부대장이 신자이면 군인들 대부분이 교회에 나오지만, 부대장이 불교를 믿는 경우에는 그 종교 사병들은 대부분 불교 행사에 참여한다. 이는 리더 한 사람이 예수님을 믿고 신앙을 갖도록 하는 것이 복음 전파에서 대단히 중요한 전략임을 말하고 있다.

청년 한 사람은 미래의 리더이다. 따라서 청년사역은 복음 전파의 전략의 핵심부이다. 청년은 자신의 직장과 처소에서 세상을 이끌어갈 리더들이다. 이러한 미래를 소망하면서 기독교 진리를 통한 기독교 세계관과 윤리관을 심어주고, 인격을 변화시키면서 복음적 리더로 양성해야 한다. 그럴 때 이들은 다니엘과 같이 복음적이면서도 지성을 갖춘 리더로 준비될 것이다. 청년들이 사회에 나가 복음적인 세계관을 가지고 도전하고 헌신할 때 이 사회는 하나님께서 원하시는 하나님 나라의 운동성으로 성장해 나갈 것이다. 그러므로 좀더 열심히 아니 혼신의 힘을 다하여 청년들에게 복음을 전해야 한다.

청년사역을 생각하는 교회는 교회 이기심을 버려야 한다. 당장 우리 교회의 유익만을 따질 것이 아니라 한국 교회의 내일을 생각해야 한다. 설령 우리 교회에서 성장한 청년이 다른 지역 타교회로 가게 된다 할지라도 그 수고와 애정은 결코 헛되지 않는다. 한 영혼을 천하보다 귀하게 여기시는 하나님께서 어찌 그 수고를 기억하지 않으시겠는가! 이런 마음으로 청년들을 도울 때 우리 교회 또한 훈련되고 성숙한 다른 청년을 얻을 수 있다. 이런 청년들이 사회 곳곳에서 빛과 소금으로 서 있게 된다면 한국교회의 내일은 더욱 소망이 넘칠 것이다. 필자의 안타까움에 사무친 이 글이 청년사역하는 사람들에게는 위로가 되고, 아울러 한국 목회자들에게는 청년사역에 관심과 열정을 갖는 계기가 되었으면 하는 마음 뿐이다.

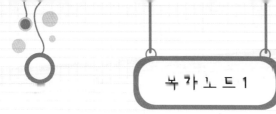
왜 청년 대학생 사역인가?

❶ 선교적 측면 - 청년 대학생들도 선교대상이다
부족함 없어 보이는 청년들이야말로 학업, 연애, 군입대, 취업, 결혼 등 도움이 필요한 대상들임을 잊지 말자.

❷ 전략적 측면- 청년 대학생 선교는 복음화로 가는 지름길이다
단일 계층으로 200만 명 이상이 몰려있다. 이들이 복음화 될 때 성서한국은 더 빨리 이뤄진다.

❸ 청년사역은 교회 부흥의 지름길이다
1) 청년 대학 선교는 교회 일꾼 양성의 지름길이다.
2) 청년들은 단기간에 일꾼으로 양성된다.
3) 청년 대학 선교는 교회 개혁과 변화를 가져온다.
4) 청년사역은 개척교회 부흥에 있어서 가장 효과적인 방법이다.
5) 청년사역은 해외선교사 양성의 보고이다.

❹ 리더 양성의 지름길이다

2장
복음에 나타난 운동성을 활성화 하라

2장. 복음에 나타난 운동성을 활성화 하라

지금까지는 기독 청년사역의 의미와 중요성을 이야기했다. 그렇다면 이제는 이 운동의 핵심인 내용에 대해서 말하고자 한다. 그것은 "복음과 그 안에 담긴 청년사역성"에 관한 것이다. 복음은 사람을 구원하는 능력만 있는 것이 아니다. 그 안에는 놀랍게도 온 인류를 주께로 이끌어 오는 하나님의 은혜와 능력이 있다. 복음운동의 활성화는 복음 안에 있다. 우리가 복음에 대해 깊은 지식과 관심이 있을수록 그 말씀 안에서 주시는 은혜와 능력 그리고 지혜로 놀라운 청년사역을 일으킬 수 있다.

💜 SVM 운동의 교훈

Student Volunteer Movement(학생 자원자 운동)는 1886년 11월 6일 YMCA 성경공부를 마치고 은혜받은 신학생들이 모여 시작되었다. 이들의 모토는 "세계 복음화는 우리 시대에"였다. 1891년에 제1차 국제 학생 전도대회를 개최했다. 설립한지 5년 만의 일이다. 이 때 모인 학생 수가 352개 대학에서 6,200명에 달하였다. 1920년 연합수련회 때는 949개 대학에서 약 7천여 명이 참여하여 2천여 명이 선교사로 자원했다. 이 일은 모임이 설립된 지 30~40년 사이의 일로 SVM이 바야흐로 세계적인 단체로 발전한 것이다.

그런데 1950년 연례집회를 계기로 급속히 쇠퇴하게 되었고, 1969년 3월 1일, 83년 만에 정식 해체하게 되었다. 그 뒤 이 단체는 많은 선교단체의 연구 대상이 되었다. 「학생운동과 세계복음화」에서는 세계적인 선교단체로 성장했던 SVM의 해체된 이유를 베엠(William H. Beahm) 박사의 의견을 인용하여 정리하고 있는데 다음과 같다.[3]

첫째는, 지도층의 잦은 교체로 인해 생명의 지속성이 파괴되었다. 둘째는, 재정적인 어려움이다. 당시 SVM은 J. 모트가 후원금을 모아 운영을 해왔는데, 조직이 거대해진 상태에서 1930년대 세계 대공황이 닥치자 재정적 어려움이 가중되었다. 셋째는, 지도층의 과밀화이다. 지도층이 너무 많아 개혁되지 않는 것이다. 넷째는, 학생들 관심사의 변화이다. 세계대전 이후 청년들의 관심이 달라졌는

---

3) David M. Howard, 학생운동과 세계복음화(생명의말씀사), p.113-115

데, 이에 무삭하여 신속히 대처하시 못했기 때문이다. 다섯째, 지나치게 해외선교만 강조했다. 국내 기반을 소홀히 하고 인재들을 계속해서 해외선교로 보내어 내부 조직 약화를 가져왔다. 여섯째, 전도교육의 약화 및 전도의 어려움이다. 전도가 되지 않아 새로운 멤버의 충원이 부족했다. 일곱째, 성경연구, 전도, 해외선교 등과 같은 본질적인 문제보다 인종, 환경, 영토 문제 등 사회문제에 지나치게 관심을 가져 양육이 되지 않고 약화되었다. 여덟째, 사회 복음운동의 출현으로 복음화 지역(신자)과 비복음화 지역(비신자)의 경계가 없어지게 되었다. 사회 운동을 하는데 신앙의 여부가 중요치 않게 되어서 신앙의 색깔을 잃어버린 것이다. 아홉째, 신학의 불일치이다. 자유주의 신학자와 복음주의 신학자가 함께 속해 있어서 신학 충돌, 의식 충돌이 일어났고, 결국 와해되었다. 리더들의 신학이 불일치되면 문제가 발생하게 되어 있다.

복음운동을 하는 사람들은 어찌하여 이 좋은 단체가 이처럼 순식간에 소멸되었는지 그 이유를 연구하게 되었다. 그 결과 '복음의 본질'을 유지 발전시켜 나가기보다는 사회 운동을 하면서 제자운동이 약화되었고 그것은 결국 공동체의 뼈대를 잃게 했다는 결론에 도달했다. 난세에 처했을 때 다시 일어날 수 있는 '사람'이 없었다는 점이 최대 문제였다. 핍박 속에서도 교회가 계속될 수 있었던 이유가 무엇인가? 권력이나 제도는 영원하지 않다. 교회가 계속될 수 있는 이유는 사람이 남아 있기 때문이다.

80년대 초에 우리나라에서 크게 영향을 끼쳤던 운동이 있었다.

'새마을 운동'이다. 우리나라뿐만 아니라 후진국에도 영향을 끼칠 정도였다. 마을 유지가 나와 간증하고, 시골 처녀들이 나와 간증하며 새마을 운동의 필요성을 홍보하기도 했다. 새마을 운동은 사람에 의해서 만들어지고 돈과 권력으로 굴러가는 조직이었기에 20년이 못 가서 점차 사라지게 되었고 지금은 사전에서나 찾을 수 있는 이름이 되었다.

SVM이 사라진 이유는 복음의 본질을 잃어버렸기 때문이다. 시골의 아무리 작은 교회라 하더라도 복음의 본질을 잃지 않으면 그 교회는 사라지지 않는다. 그러나 교회나 선교단체가 그 복음 정신을 잃어버리게 되면 아무리 큰 조직이라 해도 생명력을 잃었기에 사라지고 만다. 반석 위에 지어졌던 공동체가 모래 위의 조직이 되어버리는 것이다. 혹자는 기독교가 로마 제국에 공인됨으로 오히려 복음의 본질과 야성(野性)을 잃어버려서 기독교의 쇠퇴를 가져왔다고 주장하기도 한다. 기독교 본질의 훼손은 곧 쇠퇴를 의미한다.

그러므로 교회와 공동체가 살기 위해서는 복음의 강력한 증거가 그 어떤 테크닉보다 더 중요하다. 많은 사람들이 잘 되는 조직의 운영 방법이나 사람을 움직이는 능력 등 겉모습만을 배운다. 훌륭한 교회나 목회자에게 배우고자 한다면 이런 것뿐만 아니라 그 공동체 안에 살아있는 복음을 보고 배우고자 해야 한다. 청년대학부의 부흥 문제는 결국 주변적인 것이 아니라 '본질'임을 잊지 말아야 한다.

2장 복음에 나타난 운동성을 활성화 하라

💡 영혼 구원에 초점을 맞춰라

기독 청년사역에 있어서는 가장 우선적으로 개인의 회개로 인한 중생에 초점을 두어야 한다. 개인의 중생이 없는 복음의 일꾼은 없다. 그렇기에 설교와 성경공부 그리고 그룹 활동 등에서 이 본질이 무시되어서는 안된다. 영혼의 중생이야말로 청년사역의 시작점이면서 초점이 되어야 한다. 중생이 있을 때, 비로소 신앙성장이 있고 이를 통해서 점차 복음의 일꾼으로 세워진다. 참된 중생을 체험한 사람은 교회를 떠나지 않는다. 피치 못해 타지로 이동해서 환경이 바뀌어도 신앙을 버리는 일이 거의 없다. 반면 중생이 없는 사람은 작은 상처나 환경의 문제로 쉽게 교회를 떠나게 된다. 많은 교회가 이런 중생의 과정이 없이 교인을 만들려고 하니 결국은 열매가 없다. 그런데 많은 리더들이 이러한 근본적인 일을 외면한 채 사역에 중심을 두기에 청년사역에 많은 투자만 할 뿐 열매가 없다.

회개와 중생을 체험한 영혼은 자체적인 생명력으로 인해 스스로 성장한다. 반면 중생을 경험하지 못한 사람에게 성실하고 책임감이 있다고 해서 직분을 맡기고 봉사의 일을 하게 해서는 안된다. 자기의 힘이 다 되었을 때는 인간적인 연약함이 표출되고 만다. 또한 중생 과정을 거치지 않고 바로 훈련과정으로 돌입하려 해서도 안된다. 생명이 없기에 성장도 보이지 않는다.

조장(助長)이라는 말이 있다. 이 말은 벼가 잘 자라도록 도와주려고 벼의 이삭을 뽑아 올렸다가 농사를 망친 데서 유래한 말이다. 복음의 일꾼을 양성함에 있어서 사역자들은 조장의 초조함을 보여서는 안된다. 모든 것은 과정이 있고 이에 따른 시간이 필요하다. 당장 필요한 일이 있다고 하여서 아직 중생의 체험도 없는 청년을 사역 전선에 투입해서는 안된다. 그가 먼저 예수님을 만날 수 있도록 인내심을 가지고 사랑하고 섬기라. 때가 되면 그가 일을 찾아서 헌신하게 될 것이다.

1990년대 민주화운동이 활발하게 일어났을 때, 뜻있는 기독교 일각에서는 '선교단체는 지나치게 사회의 정의를 외면한 채 회개와 중생에만 매달리는 근본주의다.'라고 비난했다. 이 말은 일리가 있지만 그러나 옳은 것은 아니다. 아직 중생의 체험도 없는 사람이 어떻게 기독교 정의를 이해하고 또 실행할 수 있단 말인가? 중생의 체험이 없는 청년사역은 사회운동에 불과한 것이지 하나님 나라 운동이라고 말할 수 없다. 중생의 체험은 곧 새로운 생명을 얻는 것이다. 이는 우리에게 새로운 삶 뿐만 아니라 민족 공동체에 대하여 하나님 앞에서 시대에 대한 책임감을 갖게 한다. 기독교의 정의 운동은 중생에서부터 시작되는 것이지 사회의 필요로부터 나와서는 안된다. 필자는 이런 이유로 사회 민주화 운동에 대해서 적극적이지 못했다. 이것은 내가 민주화를 외면한 폐쇄적인 복음운동가이기 때문이 아니라, 중생이 없는 하나님 나라 운동은 없다는 신학적인 신념 때문이었다.

이러한 회개와 중생은 '성경공부'와 '중보기도'가 절대적으로 요구된다. 거듭나도록 말씀을 계속적으로 먹이고, 성령께서 그 영혼에게 구원의 은총을 주시도록 계속적으로 기도해야 한다. 한 사람의 눈물의 기도가 없이 주께로 돌아오는 역사는 없다. 따라서 리더는 회개와 중생을 무저으로 히는 프로그램을 반드시 사서야 한다.

💙 신앙인격 성장에 초점을 맞춰라

훈련은 일단 개인의 신앙인격 성장에 초점을 맞춰야 한다. 이 문제는 예수님의 제자들에게도 심각한 문제였다. 제자들은 자기들끼리 모여 있을 때마다 "누가 크냐"며 갈등과 반목을 일삼았다. 이때 예수님은 "너희 중에 섬기는 자가 큰 자이다"라고 말씀하시면서 섬기는 리더로 성화되기를 요구하셨다(눅 22:24-26).[4] 한 사람이 중생했다면 이제는 예수님의 모습을 닮아가도록 도와야 한다. 성화의 과정을 돕기 위한 몇 가지 제안을 하고자 한다.

첫째, 성경공부를 최우선적으로 하여 말씀중심의 신앙을 갖게 해야 한다. 필자는 은사 중심의 신앙생활을 하다가 후에 심각한 상처를 받은 경우를 많이 보았다. 초기 교회 성장에는 은사가 중요하지만 교회의 뿌리를 견고히 하는 것은 오직 말씀뿐이라는 것을 잊지 말아야 한다. 공동체가 성장하는 데에는 은사의 역할이 필요하다. 그러나 은사주의는 위험하다.

---

4) 누가복음 22:24-26 또 그들 사이에 그 중 누가 크냐 하는 다툼이 난지라. 예수께서 이르시되 이방인의 임금들은 그들을 주관하며 그 집권자들은 은인이라 칭함을 받으나, 너희는 그렇지 않을지니 너희 중에 큰 자는 젊은 자와 같고 다스리는 자는 섬기는 자와 같을지니라.

2장 복음에 나타난 운동성을 활성화 하라

둘째, 교회에는 말씀의 권위가 있어야 한다. 리더는 매사에 말씀을 말하되 이 말씀에 절대적 권위를 부여해야 한다. 이것은 설교에서뿐만 아니라 때로 상담에서도 내담자인 청년이 그 말씀에 순복하도록 도와야 한다. 바벨론의 포로로 잡혀간 다니엘처럼 하나님 앞에 뜻을 정하고 목숨을 걸고 순종하는 자세를 길러 주어야 한다(단 1장).[5] 상황이 어렵다고 해서 적당히 타협하거나 양보하면, 이것이 평생의 신앙태도가 될 수 있다. 말씀에 철저하게 순종하여 말씀의 은혜와 능력을 체험하도록 해야 한다. 이처럼 성경 말씀이 절대적 권위를 가지고 순종하는 역사가 있을 때, 교회는 든든히 서게 될 것이다. 이런 점에서 청년사역에는 성경공부가 중심을 이루어야 한다. 대학 4년은 성경공부만 하기에도 부족한 기간이다.

셋째, 예배와 기도와 말씀 공부를 철저히 훈련시켜야 한다. 이 세 가지를 대학시절 동안 철저히 시켜야 한다. 이 세 가지를 한 번에 훈련시킬 수 있는 가장 좋은 것이 QT(Quiet Time, 경건의 시간)이다. 개인 경건 생활을 잘하는 사람은 절대로 시험에 들지 않는다. 이것을 강조할 뿐만 아니라 생활화되고 습관화되어야 한다. QT는 하나님 앞에서 자신을 돌아보게 한다. 이런 사람은 점차 변화되고 새로워진다. 이것이 바로 성장이다. 중생과 구원은 순식간에 오지만 성화는 기적적으로 오지 않는다. 오랜 시간을 필요로 한다. 경건 생활의 깊이와 기간이 성숙을 좌우한다.

---

5) 다니엘서 1:8-9 다니엘은 뜻을 정하여 왕의 음식과 그가 마시는 포도주로 자기를 더럽히지 아니하리라 하고 자기를 더럽히지 아니하도록 환관장에게 구하니, 하나님이 다니엘로 하여금 환관장에게 은혜와 긍휼을 얻게 하신지라.

넷째, 대학생들의 성경공부는 '예수님의 인격을 공부하는 것'이 가장 좋다. 물론 역사관이나 조직신학도 중요하다. 하지만 더 중요한 것은 먼저 개인구원과 예수님을 닮아 가는 것이다. 여기에 역사관, 세계관 공부를 덧붙여 공부하는 것이다. 사람은 보는 것에 영향을 받게 마련이다. 우리가 예수님을 본받아 따르고자 할 때, 예수의 영으로 충만케 된다. 이런 점에서 중생 후 첫 성경공부는 복음서가 좋다.

다섯째, 사역자는 예수님을 공부하면서도 가르치고자 하는 핵심 인격이 있어야 한다. 예수님의 인격은 사랑, 겸손, 섬김, 거룩, 용서, 기도생활 등등 많다. 이것을 다 가르칠 수 없다. 이 중에는 그 사람과 공동체의 특성에 맞게 우선적으로 강조되어야 할 인격이 있다. 필자는 주로 섬김과 겸손, 사랑을 강조하고 있다. 이러한 덕목들은 개인의 신앙성장과 공동체에 꼭 필요한 것들이기 때문이다. 이렇듯 가르칠 예수님의 인격을 정했다면 그것을 반복적으로 계속 교육해야 한다. 한 번 배운다고 해서 몸에 익는 것이 아니기 때문이다. 꾸준히 반복해서 가르치고 몸으로 보여줄 때 그것을 자기의 것으로 받아들일 수 있을 것이다. 이러한 인격은 사역자에게도 마찬가지로 적용된다. 학생들이 보면 "저분은 사랑이다!"라고 말할 수 있는 나만의 정신(인격)이 있어야 한다(요 13:34-35).[6]

---

6) 요한복음 13:34-35 새 계명을 너희에게 주노니 서로 사랑하라 내가 너희를 사랑한 것 같이 너희도 서로 사랑하라. 너희가 서로 사랑하면 이로써 모든 사람이 너희가 내 제자인 줄 알리라.

당신의 영적 상징은 무엇인가? 경건인가? 헌신인가? 사랑인가? 청년사역자들은 성공한 목회자들을 배우려고만 해서는 안된다. 그 분들에게서 '이것이다' 하는 것을 확신 있게 발견했다면 이제 그것 이 내 것이 되도록 매진하는 것이 필요하다. 어떤 이들은 그런 성공 한 목회자를 배우다가 끝나는 경우도 있다.

🌷 세속적인 교제 중심의 프로그램을 지양하라

청년들이 교회에 나오는 이유는 놀러 오는 것이 아니다. 재미있 게 놀려면 피씨방이나 클럽으로 갈 것이다. 우리는 무엇으로 승부 를 걸어야 하는가? 복음이다. 중생이나 성화를 이루기 위해서 지원 하는 차원에서 운동, 오락 등을 할 수는 있다. 그러나 그것이 지나치 면 운동이나 오락의 즐거움에 빠져 복음운동과 주객이 전도되어 어 설픈 공동체가 되고 만다. 청년들의 요구를 다 들어주어서는 안된 다. 복음이 제외되면 결국 학생들도 무언가 부족함을 깨닫게 된다. 요구사항을 다 들어준다고 해서 결코 존경하지 않는다. 학생들의 요구사항을 들어주되 사역자가 더 나은 발전안을 제시해야 한다. 그렇지 않고 학생들의 요구만 들어주기 위해 급급해 하다보면 학생 들은 결국 '우리와 다를 바가 없네?' 라고 생각하며 더 이상 그 모임 에 나올 이유를 잃어버린다.

리더는 프로그램을 개편하고자 하는 결단도 필요하다. 그렇다고 해서 무조건 바꾸는 것도 좋지 않다. 영적 위기에 대해 서로 대화하면서 위기를 공감하는 가운데 뜻은 모아서 바꾸어야 한다. 이 때 프로그램 개편이 오히려 리더의 리더십을 더욱 강화시키는 역할을 한다. 혹시, 운동 그리고 교제 등을 안 하면 숫자가 줄 것이라고 생각하는가? 그렇다면 복음정신이 약화되었다는 말이다. 이런 상황에서는 무엇을 하든 망하는 것을 피할 수 없다. 문제의 원인은 청년들이 좋아하는 오락프로그램이 없어서가 아니라 복음의 감동이 없기 때문이다. 프로그램과 모임은 복음의 감동을 위한 것이어야 한다. 청년들이 모임에 재미를 느끼지 못한다면, 그곳에 복음의 감동이 채워져야 한다.

🍂 사회적 책임을 강조하되 본질에 집중하라

사회참여 문제는 언제나 교회 내에서 화두가 된다. 특히나 청년 대학생들에게 있어서는 더욱 그렇다. 구제, 환경운동, 멘토링, 교내 학생활동 등의 참여를 어떻게 해야 할 것인가? 물론 사회참여, 사회개혁 등은 교회의 사명이다. 그럼에도 교회의 가장 중요한 사명은 영혼 구원이다. 사회개혁은 교회가 아닌 단체에서도 할 수 있지만, 영혼을 구원하는 것은 교회에서만 가능하다. 여기서 교회라고 하는 것은 교회당을 의미하는 것이 아니다. 예수님을 머리로 모신 우주적 교회를 말하는 것이다. 사회참여를 위해서는 먼저 사회참여에 대한 이런 인식을 가져야만 한다. 청년 대학생들에게는 열정이 있기 때문에 사회에 대한 사명감에서도 가슴이 뜨겁다. 그러나 자칫 청년들의 열정은 하나님 앞에서 길을 잃어버릴 수 있다.

가능하다면 사회참여는 개인적으로, 또 대학 졸업 후 참여토록 권유하는 것이 좋다. 왜냐하면, 신앙이 올바로 서 있지 않은 상태에서 사회참여를 한다는 것은 기독교적 관점에서 올바르지 않기 때문이다. 사회문제가 아무리 급해도 순서가 있는 법이다. 일단은 신앙의 올바른 기초와 성장을 이룬 다음에 자연스럽게 성인으로서 사회에 참여하는 것이 좋다. 결국, 사람의 일생은 사회에서 살아가는 것이므로 사회를 떠날 수는 없다. 청년의 날에는 예수님을 만난 중생의 감격이 있어야 한다. 아울러서 예수님의 눈으로 사람과 세상을 보는 눈을 가져야 한다. 세상을 하나님의 사랑으로 바라보면서 동시에 비판적으로 판단하는 개혁적인 예수의 눈을 가져야 한다. 청년의 날에는 이런 영성을 키워야 한다. 그러할 때 그리스도 안에서 사회에 필요한 사람이 사회를 변혁할 수 있는 사람이 될 수 있다.

앞에서 언급한 SVM 운동은 다음과 같은 주요 강조점들을 가지고 있었다. 1) 평생을 통한 예수 그리스도에의 헌신, 2) 하나님 말씀의 권위 인정과 성경연구의 중요성, 3) 이 세대에 전 세계를 향한 그리스도의 복음을 전파해야 할 사명감, 4) 성령님께 대한 신뢰 등이다.[7] 이러한 강조점을 놓치지 않고 지속적으로 복음의 본질에 기초한 운동이 계속되었다면 SVM의 역사는 어떻게 되었을까? 실제로 역사적으로 기독교 정신과 가치를 가지고 출발했던 단체나 공동체가 그 본질에 충실하지 않았을 때 결과적으로 일반 사회단체로 전락하거

---

7) David M. Howard, 학생운동과 세계복음화(생명의말씀사), p.118.

나 피뇌아 실무가 서기 않다. 청년 대학생 사역은 복음의 본질에 집중하는 운동이 되어야 한다. 이러한 기초가 수호될 때 작지만 큰 열매를 거두는 공동체가 될 것이다.

복음에 나타난 운동성을 활성화 하라

❶ SVM 운동의 교훈
'복음의 본질'을 유지 발전시켜 나가기보다는 사회 운동을
하면서 제자운동이 약화되었고 그것은 결국 공동체의 뼈대
를 잃게 했다.

❷ 영혼 구원에 초점을 맞춰라
기독 청년사역에 있어서는 가장 우선적으로 개인의 회개로
인한 중생에 초점을 두어야 한다. 개인의 중생이 없는 복음
의 일꾼은 없기 때문이다.

❸ 신앙인격 성장에 초점을 맞춰라
중생으로 멈춰서는 안된다. 예수님을 닮아 계속 성장해야 한
다.

❹ 세속적인 교제 중심의 프로그램을 지양하라
청년들이 교회에 오는 이유는 놀기 위해서가 아니다. 영적인
자극을 받고 싶은 것이다. 복음의 감동을 체험케 하라.

❺ 사회적 책임을 강조하되 본질에 집중하라
사회참여는 개인적으로 할 수 있도록 돕되, 교회는 복음의
본질을 수호해야 한다.

3장
리더십이 중요하다

3장. 리더십이 중요하다

우리는 1장에서 하나님의 역사에 있어 청년사역이 매우 중요하다는 이야기를 나누었다. 2장에서는 복음 안에 있는 운동성에 대해 살펴보았다. 많은 사역자들은 기독청년사역의 중요성과 절박함을 깊이 인식하고 있으면서도 "청년사역은 어렵다"라는 부정적 생각에 사로잡혀 있다. 필자는 지금부터 어떻게 하면 청년복음 운동을 효과적으로 할 수 있을지 경험을 중심으로 나누고자 한다. 물론 나의 견해가 전적으로 완벽하다고 생각하는 것은 아니다. 세상의 어느 누구도 그런 방법은 제시할 수 없다. 하지만 필자가 겪은 경험들이 독자들로 하여금 청년사역을 이해하고 참여하는 데에 효과적인 방법을 발견하는 계기가 될 수 있다고 확신하기에 이 글을 쓰고자 한다.

모든 사역이 대부분 그렇듯 사역의 성공 여부는 리더의 리더십에 달려있음을 부인할 수는 없을 것이다. 청년복음운동도 마찬가지다. 청년사역의 성공여부는 리더십에 달려 있다고 해도 과언이 아니다. 필자의 경험에 비추어보아도 청년사역의 가장 우선적인 덕목은 리더십임을 확신한다. 그렇다면 청년사역을 성공적으로 이룰 수 있는 리더십이 무엇인가를 살펴보자.

🖤 대학생 사역에 대한 애정, 이해를 가진 리더십이어야 한다

청년사역자는 청년 대학생을 사랑하는 자라야 한다. 사랑이 없이는 어떤 열매도 없다. 예수님께서도 제자들을 훈련시킬 때 먼저 목자 없는 양과 같은 백성들을 불쌍히 여기고 사랑할 수 있도록 하셨다(막 6:34).[8] 제자는 사람을 주 안에서 사랑하는 사람이다. 청년사역을 하고자 하는 사람은 청년을 위해 눈물을 흘릴 수 있는 자가 되어야 한다. 청년에 대한 사랑이 아닌 의무감이나 교회의 유익을 위한 목적을 가진 청년사역은 결국 실패하고 만다. 사람들은 누구든지 자기를 사랑하고 이해해주는 곳에 모이기 마련이다. 청년들에 대한 사랑하는 마음을 가질 뿐만 아니라 한걸음 더 나아가 그들의 문화, 사고방식, 습관, 언어 등에 대한 이해와 용납이 필요하다. 예

---

8) 마가복음 6:34 예수께서 나오사 큰 무리를 보시고 그 목자 없는 양 같음으로 인하여 불쌍히 여기사 이에 여러 가지로 가르치시더라.

를 들면, 예배 때의 머리모양, 복장 등에 대해서 관대하게 대해야 한다. 그런 것은 복음의 본질이 아니며 그들의 신앙과 인격이 성장하면 자연스럽게 고쳐지기 때문이다. 청년들을 어른들의 문화와 사고방식으로 제한하려고 하면 청년사역을 할 수가 없다.

예수님도 제자들을 당시 종교자들의 틀에 맞추고자 하지 않으셨다. 제자들은 어부에서 세리에 이르기까지 다양한 직업과 성격을 가지고 있었다. 예수님은 그들의 개성을 존중하셨다. 제자들은 각자의 개성에 따라 성장하였고, 그 개성에 따라 사도로서 사역하였다. 개성 자체도 하나님이 주신 특별한 은사라는 것을 알고 이것이 하나님의 뜻 안에서 점차 성화되도록 돕는 것이 필요하다. 여기에서 청년사역의 자유분방함 속에 하나 되는 일치와 집중력을 발견할 수 있다.

이러한 점에서 능력 있고 사랑없는 리더보다는, 능력은 없지만 사랑이 있는 리더가 청년사역을 잘 할 수 있다. 그런 면에서 볼 때 태생적으로 무뚝뚝한 형제 사역자보다는 섬세하고 정이 많은 자매 사역자가 더 사역을 잘할 수 있을지도 모른다. 필자의 경우에도 헌신적인 자매 사역자가 청년사역을 더욱 성공적으로 하는 경우를 종종 보았다. 청년들에 대한 애정과 이해가 있는 사람이라면 일단 청년사역에 부르심이 있다고 보아도 무방할 것이다. 당신이 만약 청년들을 복음으로 구원하고 싶다면, 먼저 청년에 대한 사랑과 이해심을 갖도록 기도하고 청년 대학생들과 함께 교제할 기회를 많이 만들도록 하라. 깊이 있는 교제를 하다보면 그들 속의 문제를 이해할 수 있고 사랑도 더욱 생겨날 것이다.

62
3장 리더십이 중요하다

청년사역에 있어서 청년들에 대한 애정과 관심이 그 어떤 것보다도 중요한 리더십임을 전주 근교에 있는 제네리 교회의 예에서 찾아볼 수 있다. 제네리 교회[9]는 지금은 공단이 생기고 인구가 늘어서 인구가 많이 유입되었다. 하지만 당시에는 교통도 불편한 시골에 자리 잡고 있는 교회였다. 그런데 이 교회 인근에 백제 예술대학이 들어왔고 그 대학생들이 주말에 제네리 교회에 와서 주일예배를 드리는 경우가 종종 있었다. 하지만 이 학생들은 그렇게 신앙이 성숙하지 못하였다. 예능인들이라 그런지 예배 태도도 너무 자유분방하여 시골의 장로님이 이해하기가 어려웠다. 그리고 교회를 위해서 봉사하는 것도 없어서 보수적인 교회의 어른들이 보기에는 눈엣가시였다. 교인들은 은근히 그들이 부담스러워 기피하는 경향이 있었다. 그러나 담임 목사님은 그들을 이해하며 서울, 경기도에 집이 멀리 떨어져 있는 그들을 따뜻하게 도와주었다. 이렇게 많은 시간들이 흐르자 학생들도 교회에 무엇인가 봉사하여 교회의 사랑에 보답하고자 하였다. 그들은 담임 목사님의 안내를 받아 그 해 여름성경학교를 주관하고 섬기기로 결심하고 봉사하였다. 교사가 부족한 교회에 예능의 은사를 가진 그들의 봉사로 여름성경학교가 대성공을 이루었음은 두말할 나위가 없다. 청년들을 품고 사랑하면 좋은 일꾼으로 성장할 수 있음을 보여주는 좋은 예이다.

---

9) 제네리 교회: 전북 완주군의 봉동면에 있는 시골교회이며 담임 임신근 목사와 사모는 필자와 신학교 동기로 청년사역에 특별한 관심을 가지고 교회를 섬기는 신실한 종이다. 필자가 헌신예배 인도를 위해 방문해서 직접들은 간증이다.

♥ 일관된 리더십이 필요하다

청년 대학생 사역의 부진 중 하나는 리더십의 잦은 교체에 있다고 할 수 있다. 청년 대학생 사역은 단거리 경주가 아니라 장거리 경주의 성격을 가지고 있다. 사역의 열매가 잘 맺어지지 않는다 하여 사역자를 자주 바꾸게 되면 열매 얻기가 쉽지 않다. 잘 안된다고 해서 사역자를 자주 바꾸기보다 한 사람을 세웠다면 그 사람이 꾸준히 할 수 있도록 지원해주는 것이 중요하다. 리더의 잦은 교체는 결코 도움이 되지 않는다. 때로는 실패를 통해서 리더가 성장하기도 한다. 리더의 성장이 있다면, 그 실패는 더욱 큰 성장을 위한 보이지 않는 저력이 되는 셈이다.

사역자는 청년 대학생들과 인격적 관계성을 맺어야 한다. 인격적 관계성이 맺어지지 않은 상황에서 사역이 이루어질 수 없다. 화분의 식물을 이식하여 자리를 잡을 때까지는 일정한 시간이 필요하다. 나무를 이식하는 경우에는 적어도 3-4년이 걸려야 뿌리를 내리고 정착한다. 사람들이 모인 공동체도 인격적인 관계를 맺고 유기적인 공동체를 이루어가는 일정한 시간이 필요한 것이다. 청년 대학생들은 인격적인 신뢰가 생겨야 구체적으로 움직이기 시작한다. 인격적인 관계가 맺어지기까지는 최소한 6개월 정도의 시간이 걸리고, 이들이 일꾼이 되어 교회에서 원활히 움직이기 위해서는 3년 이상의 시간이 걸린다. 교회는 일주일에 한 번 정도 만난다고 볼 때 온전한 제자로 성장하기 위해서는 약 10년 정도의 시간이 걸린다고 생각하면 된다. 그렇기에 최소 5년이 안 되어 리더십을 교체하는 것은 문제가 있다. 그러므로 청년 대학생 사역에 있어서 리더십과 그의 인격이 성장하고 관계를 맺을 수 있도록 기다리는 것이 필요하다.

대학생들은 마음이 열려 있어 인격적 관계성이 형성된 사역자에게는 마음을 바치는 충성을 한다. 리더가 교체 될 때 그 리더를 따라 나갈 수 있다는 위험성도 있지만, 그런 점을 감안하더라도 잦은 리더십 교체는 사역에 도움이 되지 않는다. 현대 대학생복음운동의 모델이 되는 IVF는 최고리더들이 장기간 사역하는 특징을 가지고 있다. 잘 알고 있는 John Stott[10]는 이 단체의 책임있는 자리에서 20년 이상 섬겼다. 최근까지도 국제 IVF의 최고리더는 합리적인 인사제도를 통하여 10여년이상 사역하고 있다. 그러므로 청년 대학생 사역단체에서 장기 사역자를 발굴하고 세우는 것이 중요하다. 한 부서나 영역에서 최소 5년 내에는 사역자를 교체하지 않는 것이 좋다. 거쳐가는 인턴사원처럼 부서의 이동이 너무 자주 이루어져서는 안 된다. 자신이 속한 부서에서 노하우(Know-how)를 가진 전문가가 될 수 있도록 장기간 사역을 지원해야 한다. 그래서 청년 대학생 사역은 신뢰할 수 있는 리더를 세우는 것이 중요하다.

---

10) 전 세계의 기독교인들에게 〈기독교의 기본 진리〉라는 책과 복음주의자로 널리 알려진 존 스토트(1921-2011)는 2011년 7월 27일에 90살의 나이로 세상을 떠났다. 〈타임〉지는 2005년에 세계에서 가장 영향력 있는 100명 중 한 명으로 그를 선정하였다. 또 다른 세계적인 복음주의자 빌리 그래엄 목사는 〈타임〉지에서 스토트 박사를 소개하며 "나는 스토트보다 성경적 세계관을 많은 사람들에게 효과적으로 소개시킨 사람을 생각할 수 없다."고 말한 바 있다. 존 스토트는 특히 1974년 스위스 로잔에서 개최된 "세계복음화국제대회(The First International Congress on World Evangelization)"에서 발표된 〈로잔언약〉(the Lausanne Covenant)의 작성자이기도 하다. 스토트는 그 외에 약 50여 권의 책을 집필했고, 2010년에 출판된 〈제자도〉가 그의 마지막 저서가 되었다.

💛 청년 대학생들과 같이 행동하라

큰 운동의 이면에는 리더와 그를 충성되게 따르는 공동체가 있다. 다윗이 이스라엘 역사에 길이 남는 통일 왕국을 이룰 수 있었던 것은 그를 따르는 많은 무리들과 동고동락하는 아둘람 공동체가 있었기 때문이다. 그가 사울 왕에게 쫓기면서 혼자 살아남기도 어려운 때에, 많은 사람들이 그를 추종했다. 대부분 도망자이거나 빚진 자 그리고 원통한 자들이었다. 추종자들과 함께 있는 것은 자신의 위치를 노출시키는 위험이 있었다. 그러나 다윗은 목숨을 걸고 그들과 함께하면서 지켜주었다. 추종자들은 다윗과 있는 동안 그가 어떤 사람인가를 보았고, 그 사랑과 진심에 감동받아 다윗을 위해 목숨을 바치며 충성하였다. 그들이 있었기에 다윗은 통일 왕국을 이룰 수 있었다(삼상 22장).[11]

예수님 역시도 제자양성을 하실 때 제자들과 함께 거하고, 같이 먹고, 그리고 같이 다니셨다. 청년사역자는 청년들과 같이 울고, 같이 싸우고, 그리고 같이 뒹굴어야 한다. 리더는 그 대상과 너무 차이가 나서는 안된다. 너무 앞서도 안 되고, 너무 뒤쳐져도 안된다. 비슷하게 나가야 한다. 일을 할 때도 마찬가지이다. 그냥 말로만 시키는 것은 좋지 않다. 반대로 자칫하면 학생들은 가만히 있고 사역자

---

11) 사무엘상 22:1-2 사울이 놉의 제사장들을 죽이다. "그러므로 다윗이 그 곳을 떠나 아둘람 굴로 도망하매 그의 형제와 아버지의 온 집이 듣고 그리로 내려가서 그에게 이르렀고, 환난 당한 모든 자와 빚진 모든 자와 마음이 원통한 자가 다 그에게로 모였고 그는 그들의 우두머리가 되었는데 그와 함께 한 자가 사백 명 가량이었더라." 다윗의 피난처 길에 만들어진 이 아둘람 공동체는 후에 다윗왕국을 이루는 초석이 되었다.

만 일하는 경우가 있다. 이 또한 바람직하지 않다. 일을 같이 하면서 같이 고생하고 같이 보람을 느끼면서도 그들을 독려할 수 있어야 한다. 학생선교는 편하게 할 수 있는 것이 아니다. 전쟁터의 분대장과 같이 함께 전진하고 함께 후퇴하는 사역자가 되어야 한다. 사역자와 학생은 교육자와 피교육자의 관계가 아니라 예수님과 제자처럼 가르치고 배울 뿐만 아니라 인격적으로 서로를 존중하며 동역하는 관계가 되어야 한다. 결국 청년 대학생 사역은 리더와 청년이 함께 어우러지는 공동체 운동이라고 할 수 있다.

🌷 권위의식을 버리라

청년 대학생 사역에 있어서 '권위'는 필요하지만, '권위주의'가 되어서는 안된다. 진정한 권위는 자신의 권위를 버리고 섬길 때 나오는 것이다. 자꾸 학생들하고 차이를 두려고 해서는 안된다. 권위주의는 형식에서부터 나온다. 예수님께서는 이 땅에 오신 이유를 마가복음 10:45에서 '섬기기 위함'이라고 하셨다.[12]

사역자는 섬기는 리더십을 발휘해야 한다. 자신의 직분과 나이로 청년들을 억압하거나 억지로 복종시키려고 해서는 안된다. 오히려 청년들을 이해하고 받아주기 위해 노력해야 한다. 청년들은 자신들의 말에 귀를 기울이고 이해하려고 애를 쓰는 리더를 찾는다.

---

12) 마가복음 10:45 인자가 온 것은 섬김을 받으려 함이 아니라 도리어 섬기려 하고 자기 목숨을 많은 사람의 대속물로 주려 함이니라.

기역은 사역의 대상이 누구인지 잘 파악할 때 열매를 맺는다. 장년들과 청년들은 겉보기에는 별 차이가 없어 보이지만 서로 전혀 다른 측면을 가지고 있다. 장년의 기준으로 청년을 판단하거나 강요해서는 안된다. 청년사역자에게 필요한 덕목은 먼저 청년과 눈높이를 맞추는 것이다. 예수님이 하나님의 아들의 영광을 버리고 사람이 되어 이 땅에 오신 것처럼 리더가 청년과 눈높이를 맞추고 이들의 고민을 공감할 때, 청년들은 자발적으로 따라올 것이다.

♥ 도전적인 비전을 제시하라

청년 대학생 사역을 하려면 사역자부터 도전적인 비전을 가지고 있어야 하고 이러한 비전에 스스로 불타야 한다. 사역자가 사역보다 자기 공부나 다른 것에 더 관심이 있으면 대학생 사역을 잘 할 수 없다. 사역자는 그 사역에 헌신적이어야 한다. 도전적인 프로젝트(project)를 세우도록 하라. 예를 들면, '십만 명 선교사 파송', '조선을 성서 위에' 등과 같은 프로젝트가 있다. 도전적인 비전은 사역자에게도 너무 부담스럽다. 도전적인 비전을 세웠다면 리더가 먼저 그것을 극복하고 나아가고자 해야 한다. 자기극복은 그동안의 Know-how나 인간적인 기술로 가능한 것이 아니다. 성령충만을 옷입은 오직 주님을 사랑하는 마음과 고생할 각오, 그리고 열정으로만 가능하다.

여기에서 중요한 것은 지금 하고 있는 일이 우리가 꿈꾸고 있는 비전과 어떤 관계가 있는가를 항상 설명하는 것이다. 현재 참여하고 있는 예배, 전도와 성경공부 그리고 교제가 우리에게 주어진 비전을 성취하는 데에 있어 어떤 의미가 있고 어떻게 전진이 되는지를 말해주어야 한다. 그래서 나의 모든 생활이 비전의 삶임을 깨닫도록 해야 한다. 매순간이 비전을 향한 걸음이라는 것을 인식할 때, 어찌 그 마음이 뜨겁지 않겠는가?

"캠퍼스 1% 복음화" 비전은 어떠한가? 1% 라고 말하니 우습게 생각할지 모르겠다. 대학생 10%를 대학 내 기독교 단체들이 각각 노력하여 제자화하고, 그 몫의 10%(전체에서는 1%)를 우리 청년 대학부(단체)에서 책임지고자 하는 비전을 가지는 것이다. 서울대는 학생수가 2만 명이 조금 넘는다. 1% 라면 200명이다. 한 대학의 기독공동체가 200명이 넘으면 그 대학의 문화를 바꿀 수 있다. 200명이 회원으로 있는 단체(청년대학부)를 만드는 것이 목표가 아니라, 대학의 문화를 성경적으로 바꾸어 가는 것을 목표하는 것이다. 캠퍼스 복음화에서 작은 성공을 맛보는 사람이 성서한국의 비전, 세계 선교의 비전에 반응하게 된다. 궁극적으로 하나님 나라가 이 땅에서 성취될 것을 확신하며 자신을 하나님께 더욱 드리고자 노력하게 된다.

청년 대학생들은 비전을 먹고 자란다. 리더에게 이러한 비전이 없다면 소망이 없게 된다. 실제로 도전적인 의식을 가진 청년 대학생들은 도전적인 비전이 있을 때 자신의 전부를 드려서 헌신하며 하나님 나라 운동에 참여한다. 만일 단체나 리더에게 이러한 비전이 없다면 청년 대학생들은 공동체를 떠나게 될 것이다.

♥ 희생(섬김)을 보이라

예수님의 생애는 여러 가지로 말할 수 있지만, 목회적 입장에서 본다면 '가르침과 행동으로 본을 보임' 이다. 양육의 방법 중 가장 좋은 것은 '모델됨' 이다. 아이들은 부모의 뒷모습을 보고 배운다고 하지 않는가. 예수님은 가르치시기도 잘 하셨지만, 삶을 통해서 직접 제자의 모습을 보여 주셨다(요 13:13-15).[13]

제자의 모습의 핵심은 '섬김' 이다. 예수님은 생명까지 내어주는 제자의 삶을 가르치시고 실제로 그렇게 사셨다. 이 섬김은 사람을 감동시키는 가장 좋은 행동이다. 이러한 예수님의 섬김의 가르침은 그를 뒤따르는 제자들에게도 섬김의 삶을 살도록 했다. 그러나 우리가 기억해야 할 것은 예수님께서 이 땅에 계실 당시에는 '섬김' 이 미덕이 아니었다는 사실이다. 섬김은 종들의 의무였다. 그런데, 주님이 오셔서 섬김을 미덕으로 바꾸셨고 이제 섬김은 그 사람의 인격을 가늠하는 지표가 되었다.

이미 말한 것처럼 청년들은 이성적이면서도 지극히 감성적인 특징을 가지고 있다. 언제 그들의 감성이 움직이는가? 사역자의 말과 행동이 일치한다고 생각될 때 청년들의 감성이 움직인다. 우리가 청년사역을 어려워하는 이유는 말로는 잘 가르치지만 행동으로 보여주기가 어렵기 때문이다. 청년들은 말과 행동이 일치할 때 그 사

---

13) 요한복음 13:13-15 너희가 나를 선생이라 또는 주라 하니 너희 말이 옳도다 내가 그러하다. 내가 주와 또는 선생이 되어 너희 발을 씻었으니 너희도 서로 발을 씻어 주는 것이 옳으니라. 내가 너희에게 행한 것 같이 너희도 행하게 하려 하여 본을 보였노라.

람을 존중하고 따르고자 한다. 이러한 말과 행동의 일치는 오로지 '섬김'으로부터 나온다. 따라서 청년들을 움직이게 하기 위해서는 본을 보임으로 섬기는 자가 되어야 한다.

청소와 성경의 가르침은 별개처럼 보인다. 그러나 가르치는 자가 남들이 꺼리는 화장실 같은 곳을 청소하면서 봉사와 섬김의 모습을 보일 때 청년들은 그의 성경의 가르침에 반응한다. 청년들은 아래로 내려와 섬기는 리더를 원한다. 청년들은 높은 강단에서 가르치는 자보다는 자신들의 눈높이와 함께하면서 수고하는 리더를 보기 원한다. 그러므로 우리는 청년 대학부를 섬기기 위해서 좀 고단해야 하며, 수고해야 한다는 것을 알아야 한다. 청년들은 교회의 수적 부흥을 위해서가 아니라, 정말 자신들을 위해서 헌신한다고 느낄 때 리더의 말을 따른다. 필자도 사역초기에서부터 사역을 마칠 때까지 늘 강당청소와 화장실 청소를 같이 하였다. 목자가 함께 참여하는 것 자체가 청년 대학생들에게는 긍정적인 동기부여가 되는 셈이다.

이러한 면에서 사역자는 모든 일을 혼자서 책임지려고 해서는 안된다. 사역자는 일을 하려고 하기 보다는 그 일에 대한 목표와 방향을 제시하면서 그 일을 위해 청년들이 자발적으로 아이디어를 내도록 유도해야 한다. 이 후에 리더는 그 일을 위해 모범적인 태도로 앞장서서 걸어가면 된다. 사역자가 하나의 본이 되는 행동을 할 때, 감동 받은 청년들은 아홉, 열의 행동을 한다. 그래서 어느 정도 성장한 청년사역은 자체적인 운동력을 가지고 폭발적으로 성장한다.

🏆 대화하라

대화는 중요하다. 어찌 보면 몸으로 뛰는 것보다 더 중요할지도 모른다. 땀을 흘리는 사역보다도 같이 식탁에 앉는 사역이 더 중요할 수 있다. 밥을 사준다든지 아이스크림을 사주면서 대화하는 것이 중요하다. 단순히 상담실, 당회실 같은 곳에서의 대화는 선입견적인 긴장감이 있기에 효과가 반감된다. 편안한 대화를 유도할 수 있는 일상적인 장소가 좋다. 어느 곳에 있든지 청년들은 자신들에게 다가오는 리더에게 마음의 문을 열고 경청할 것이다.

예수님의 제자양성의 대부분이 함께 길을 걸으면서, 또 함께 식사하면서 그리고 함께 쉬는 시간을 통해서 이루어졌다. 예수님의 제자양성의 가르침은 일방적인 가르침이 아니라 서로 묻고 대화함으로 이루어졌다. 무엇보다 이 시대 청년들은 고민이 많다. 복음을 전하기 전에 이들의 아픔을 이해하고 치료하는 상담이 필요하다. 이를 위해 리더가 먼저 낮아져 이들의 가슴에 귀를 대고 비통함의 소리를 들어야 한다. 그리고 함께 삶을 나누는 대화를 해야 한다. 인격적 대화가 이루어질 때, 그곳에 하나님의 말씀의 역사도 활발하게 일어나게 된다.

대화에서 주의해야 할 것은 가능하면 밀폐된 공간보다 열린 공간을 선택하라는 것이다. 특히 밀폐된 공간에서의 남녀 간의 대화는 불미스런 일이 생길 수도 있고, 불필요한 오해를 만들 수도 있기에 피하는 것이 좋다. 때문에 밝고 여러 사람이 자연스럽게 오갈 수 있는 공간이 좋다. 사적인 대화는 공공장소가 좋으며 영적, 공적 대화는 교회의 열린 공간이 좋다.

그렇다면 성공적인 대화란 무엇인가?

첫째, '들어주는 것' 이다.

간혹 인생의 경험이 풍부한 사역자는 청년의 몇 마디에 그의 문제를 간파하고 그때부터 일방적인 훈시를 하는 경우가 있다. 이것은 실패한 대화이다. 대화의 기본 원칙은 상대방의 말을 들어주는데 있다. 따라서 상대방이 말을 많이 하도록 배려해야 한다. 그래야 그 사람을 알 수 있지 않겠는가? 뿐만 아니라 말꼬리를 자르지 않아야 한다. 대화에도 인내가 필요하다. 들어주면서 판단하는 사람이 있다. 어떻게 반박할지 고민하면서 듣는 사람도 있다. 그러지 말아야 한다. 상대방을 알고자, 이해하고자 해야 한다. 그래야 대화가 된다. 말을 적게 한 사람이 이기는 것이다. 상당한 경우 청년들은 말을 하면서 스스로의 문제를 해결하는 경향이 있다.

양들과 대화하면서 논리적으로 이기려고 하지 말아야 한다. 논리적으로 양들을 설득한다고 하여서 양들이 따라오는 것은 아니다. 오히려 이러한 리더에게 청년 대학생들은 더 이상 마음을 열지 않게 된다. 예를 들면, 한 사역자는 늘 자신의 논리를 가지고 양들이 후배들을 설득하곤 하였는데, 결국에는 그 사역자 주변에 사람들이 모여들지 않았다. 당사자 앞에서는 따르고 순종하는 것처럼 보이지만 결정적일 때에는 그 사역자에게는 함께하는 동역자들이 없게 되었다. 목자는 양의 소리를 듣는 자세가 필요하다. 때론 이성적인 논쟁보다는 들어주는 것이 양들과 함께하는 목자의 몫이다.

둘째, '용납하는 자세'이다.

대화하는 중에 간간이 감당할 수 없는 상황을 당하는 경우가 있다. 태도, 어투, 내용에서 불쾌한 경우이다. 이럴 때 기성세대들은 예의 없는 태도를 나무라곤 한다. 하지만 알아야 할 것이 있다. 젊은이들은 대화가 잘 되면 가끔 흥분하는 경우가 있다는 것이다. 그러므로 리더는 그 상황에서 실수하는 것을 교정하려 해서는 안 된다. 주변의 문제를 책잡으면 더 이상 대화를 이어나갈 수 없다. 더 이상의 발전을 기대할 수 없는 것이다. 청년 자신도 시간이 지난 뒤 자신이 너무 했다는 사실을 스스로 알게 된다. 그러므로 그 자리에서 그의 태도에 대해서 민감히 반응할 것이 아니라 인내하며 용납해 주어야 한다. 필요한 경우, 잘못된 그 부분에 대해 다른 장소에서 언급하면 된다.

세대 차이가 갈등의 요소가 되어 대화가 막혀서는 안된다. 세대 차이야말로 어른의 지혜와 청년의 기백이 함께하는 곳이다. 바로 이곳에서 현실을 뛰어넘는 폭발적인 힘이 나온다. 종종 세대 차이에서 비롯된 갈등을 해결하는 것은 어른된 리더의 포용력으로부터 나온다. 세대 차이의 불편함을 극복하지 않고서 청년사역은 결코 이루어질 수 없다. 청년사역을 하기 원한다면 먼저 청년에 대한 이해 속에서 세대를 극복하려는 청년의 마음이 필요하다. 청년의 미숙함과 거친 열정이야말로 교회를 새롭게 하는 신선한 새 바람이 된다.

셋째, '작은 것은 양보하고 큰 것은 얻고자 하는 자세'이다.

청년대학부가 가지고 오는 대부분의 문제는 대개 두 가지이다. 하나는 사생활 상담이고, 다른 하나는 건의사항이다. 단체로 올 때는 대부분 건의사항이다. 사생활에 대한 상담은 대체적으로 쉽다. 위로하고 격려하면 되기 때문이다. 그런데 건의사항은 사역자에 대한 도전적인 내용과 자세로 오는 경우가 많기 때문에 부담스럽다. 청년들이 건의사항을 가지고 사역자에게 올 때는 이미 자기들끼리 많이 생각하고 의견을 나눴을 가능성이 많다. 청년들은 불만사항에 대해 이미 공감대가 형성되어 있고 또 그것을 제안할 때는 상당한 각오가 되어 있다. 이런 상황에서 사역자가 불만스럽게 듣고 자신의 권위로 청년들을 책망하거나 설득하려고 한다면 청년들은 마음의 문을 닫는다. 그러면 청년사역은 점점 어려워지는 것이다.

그렇다면 어떻게 해야 하는가? 그 자리에서는 일단 수용하는 자세가 필요하다. 건의하러 온다는 것은 여러 사람을 대신하여 책임감을 가지고 온 것이다. 그런데 그 자리에서 무시당하면 악평이 난무하게 된다. 그러니 일단은 수용해야 한다. 그리고 그 안에 대해서 발전적이고 조정적인 대안들을 만들어가야 한다. 청년들이 원하는 것은 건의사항의 수용보다도 자신들을 대하는 사역자들의 수용적인 자세에 있다. 그러므로 리더는 '대화 자체'를 중요하게 여겨야 한다. 청년 대학생들과 대화를 했다고 해서 문제가 잘 풀리는 것이 아니다. 상대방을 이해하고 도와주려고 하는 마음이 전달되어야 한다.

이런 점에서 대화 주도형 사역자는 한계를 가지고 있다. 처음에는 사역이 잘 될 수 있나 아시반 시간이 지날수록 사역의 열매가 보이지 않는다. 일방적이기 때문이다. 하지만 청년들과 공감대를 형성하기에 힘쓰는 사역은 시간이 지날수록 열매가 맺히기 시작한다. 청년사역의 성과는 '얼마나 청년들과 공감대를 형성하느냐와 이들의 의견을 존중하느냐?'에 달려 있다. 리더가 청년들의 불만 앞에서 낮아질 때 그곳에서 청년들을 얻는다. 청년들은 리더의 낮아짐에 감동한다. 우리가 예수님을 믿을 뿐만 아니라 사랑하는 것도 예수님의 성육신의 사랑이 우리를 감동시켰기 때문이라는 것을 잊어서는 안된다.

🌷 긍정적인 자아상을 확립하도록 도우라

모임은 리더의 자아상에 의해서 크게 좌우된다. 리더가 부정적인 자아상을 가지고 있으면 공동체 분위기가 어두워진다. 모임을 밝게 하고 성장시키기 위해서 리더의 긍정적 자아상은 필수적이다. 그런데 이러한 긍정적 자아상은 나의 결심과 소원으로 이루어지는 것이 아니다. 하지만 예수님을 통해서 구원을 받고, 구주로 모시게 되면 긍정적인 자아상이 형성된다(고후 5:17).[14] 그때부터 내 자신이 바뀌기 시작한다. 하나님의 구원을 확신하면 나를 부르신 하나님을 보게 된다. 그리고 그 부르심의 목적을 이루시기 위해서 내게 능력

---

14) 고린도후서 5:17 그런즉 누구든지 그리스도 안에 있으면 새로운 피조물이라 이전 것은 지나갔으니 보라 새 것이 되었도다.

도 주신다는 확신을 갖게 된다. 이러한 하나님의 은혜 속에서 내 안에 긍정적 자아상이 형성된다.

잘 알다시피 모세도 살인자의 과거가 있었기에 부정적인 자아상을 가지고 있었다. 광야로 도피한 후에 40년이 흘렀지만 한 번 상처를 받은 그의 부정적인 자아상은 쉽게 치료되지 못했다. 오히려 더욱 심화되었다. 그는 하나님을 만나는 그 순간에도 부정적인 자아상으로 인해 부르심에 선뜻 나서지 못했다(출 4:10-12).[15] 그래서 하나님은 그에게 긍정적인 자아상을 가지도록 하기 위해서 몇 가지의 기적을 통해 확신을 주셨고, 지팡이를 주신 것이다. 하나님은 모세에게 함께하신다는 믿음을 주셔서 리더로서의 긍정적 자아상을 갖게 하셨다.

리더의 긍정적 자아상은 그를 따르는 청년들에게 깊은 영향을 준다. 청년들의 상당수는 부정적 자아상, 즉 열등감과 패배의식으로 인해 삶의 자신감을 잃어버리는 경우가 많다. 청년사역자는 이 문제를 치유하고 극복하도록 도와야 한다. 그러므로 긍정적인 자아상을 형성하는데 필요한 첫 번째 사역은 '개인 구원을 이루기 위한 성경공부'가 먼저이다. 특히, 창세기를 통하여 '나를 만드신 하나님'을 만나게 해야 한다. 하나님이 나를 만드시고 심히 기뻐하셨음을 깨달아야 한다.

두 번째 사역은 '환한 미소를 늘 보여주는 것'이다. 리더는 긴장

---

15) 출애굽기 4:10-12 모세가 여호와께 아뢰되 오 주여 나는 본래 말을 잘 하지 못하는 자니이다 주께서 주의 종에게 명령하신 후에도 역시 그러하니 나는 입이 뻣뻣하고 혀가 둔한 자니이다. 여호와께서 그에게 이르시되 누가 사람의 입을 지었느냐 누가 말 못 하는 자나 못 듣는 자나 눈 밝은 자나 맹인이 되게 하였느냐 나 여호와가 아니냐? 이제 가라 내가 네 입과 함께 있어서 할 말을 가르치리라.

키기니 닉뛰아 부슴을 보여시는 안된다. 웃는 모습을 보여주어야 한다. 청년들이 교회에 오는 이유는 은혜 받기 위해서이다. 그런데 사역자가 긴장하고 인상을 쓰고 있으면 어떻게 기쁜 마음으로 올 수 있겠는가? 그러므로 사역자는 항상 웃고 있어야 한다. 긍정적이고 밝은 모습을 보여주어야 한다. 그래서 옷을 밝고 멋지게 입을 필요가 있다. 청년들은 웃고 싶어 한다. 긴장하고 있는 사람에게 누가 즐겁게 다가 가겠는가.

청년사역자들이 주의할 점은 모임에 온 사람들보다도 오지 않은 사람들에게 더 관심을 가지는 데에 있다. 그래서 청년사역자는 자신도 모르게 오지 않은 사람들로 인해 마음이 상한 나머지 참석한 사람들에게 부담을 주는 경우가 많다. 그래서는 안된다. 눈앞에 있는 형제를 소중히 여기고 이들을 행복하게 해주어야 한다. 그래야 모임이 점점 더해져 가는 것이지 참석한 사람에게도 부담을 주면 그 사람들마저도 오지 않는 불행한 결과를 초래하게 된다.

셋째로, 모임의 분위기를 밝게 만드는 것도 필요하다. 조명을 밝게 하고 책상 배열을 새롭게 해본다. 또 꽃을 준비해 놓는다든지 책상보를 새롭게 하여 분위기를 신선하게 하는 것도 좋다. 청년사역자들은 앞서가야 한다. 감각이 앞서야 한다. 복장은 밝고 단정해야한다. 계절 언어를 먼저 사용하는 등 신선해야 한다. 세상은 밝은데 교회가 침침해서는 안된다. 교회 환경을 밝게 만들기 어렵다면 사역자만이라도 환한 모습으로 달라져야 한다.

필자가 섬기던 ESF 전주지구에 아주 유능한 자매 간사가 있었다. 그는 영성도 뛰어나 기도도 열심히 하고 학생들을 양육하는데도 탁월한 능력을 가지고 있었다. 그런데 그 자매 간사에게 성경을 공부하는 학생들 중의 많은 학생들이 염세주의적 경향을 보이고 있었고 가정생활에 부정적인 모습을 보이면서 그들이 결혼에 대하여 부정적인 생각을 하고 있었다. 아울러 결혼을 기피하는 현상이 생겼다. 원인을 분석하여보니 그 자매 간사의 아버지가 알코올 중독자여서 부모님의 부부생활에 문제가 있었고 자매 간사도 많은 상처를 입었다. 이러한 가정배경이 자매를 염세주의적인 인생관, 결혼에 대한 부정적인 생각을 갖게 하였다. 이러한 영향을 은연중에 입은 학생들에게서 같은 경향이 일어났다. 이는 영적 리더가 영적으로 건강하고 밝은 인생관을 가지는 것이 얼마나 중요한가를 여실히 보여준다. 물론 이 후에 자매간사는 신앙적인 치유를 받고 건강한 리더가 되었고 본인도 결혼하여 지금은 행복한 가정을 이루며 살고 있다.

💐 권한을 위임하라

모세는 처음에 모든 권한을 가지고 사역했었다. 이로 인해 모세는 과로에 시달렸다. 이를 본 장인 이드로가 모세에게 70장로를 세워서 그의 리더십을 위임하도록 권면했다(출 18:24~26).[16] 모세는 이것을 받아들임으로써 오히려 이스라엘 전체를 효율적으로 이끄

---

16) 출애굽기 18:24-26 이에 모세가 자기 장인의 말을 듣고 그 모든 말대로 하여, 모세가 이스라엘 무리 중에서 능력 있는 사람들을 택하여 그들을 백성의 우두머리 곧 천부장과 백부장과 오십부장과 십부장을 삼으매, 그들이 때를 따라 백성을 재판하되 어려운 일은 모세에게 가져오고 모든 작은 일은 스스로 재판하더라.

는 리더십을 가지게 되었다. 많은 리더들이 초상기의 모세처럼 모든 권한을 다 가지는 경우가 있다. 이것을 '모세 증후군' 이라 한다. 이 때 탁월한 리더인 경우 30~40명 정도를 이룰 수 있다. 그러나 그 이상은 어렵다. 더욱 성장하기 위해서는 자신의 권한을 위임해야 한다. 그리고 사역자는 뒤에서 이들이 자신들의 권한을 잘 사용할 수 있도록 도와주어야 한다. 권한을 위임한 초기에는 일이 더디게 진행되기 마련이다. 그것을 받아들여야 한다. 하지만 권한을 위임하고 절대 방임해서는 안된다. 권한을 받은 사람이 무엇을 힘들어하는지 잘 살피면서 은밀하게 도와주어야 한다. 이렇게 해야 사람이 성장한다. 책임을 가진 사람이 성장하는 것이다.

그 일에 적당한 사람이 없다면 사람을 발굴해야 한다. 사람을 볼 때 그 사람의 은사와 장점 등을 찾아서 어떤 일을 맡기면 잘 할 수 있을지 관찰하다 보면 필요한 역할이 보일 것이다. 그런 역할을 통하여 한 단계 더 성장하는 것이다. 사역자를 찾으면 좀 부족해도 맡겨야 한다. 일을 시켜야 한다. 그래야 성장한다.

능력이 많은 사람일수록 모세 증후군에 빠지는 사람들이 많다. 시원찮다고 생각하기에 혼자 다하려고 한다. 이런 사람은 대중을 인도할 때는 실력발휘가 가능하다. 그러나 청년사역에서 이런 방식은 어려움을 초래한다. 왜냐하면 청년들은 자기가 나서서 하고 싶어 하기 때문이다. 자기가 주인공이 되고 싶어 한다. 이런 청년들의 자발성을 긍정적으로 보고 존중해야 한다. 이들에게 과감하게 리더십을 줌으로써 이들 자체적인 운동력을 가지도록 도와야 한다.

청년사역의 목적 중의 하나는 장래 리더를 양성하는 것이다. 따라서 이들의 활동에는 리더를 향한 훈련과 배려가 필요하다. 스스로 리더가 되어서 자발적으로 모임을 주도하도록 해야 한다. 그래서 청년사역자는 끊임없이 이들이 맡을 만한 일거리를 개발하고 맡겨야 한다. 청년사역의 성패는 얼마나 리더적 성향을 가진 청년들을 양성하느냐에 달려 있다. 따라서 리더는 청년들로 하여금 자신의 리더십을 행사할 수 있는 크고 작은 모임을 개발하고 맡기는 것이 필요하다.

이를 위해서 분담사역을 해야 한다. 분담사역은 소그룹을 말한다. 소그룹은 성경공부를 할 때만을 말하는 것이 아니다. 활동도 소그룹으로 하는 것이다. 예를 들면, 전도부, 선교부, 문서부, 구제부, 찬양부, 예배부 등에 청년들을 내세워 이들로 하여금 리더십을 가지게 하는 것이다. 이러한 분담 사역은 교회 전체의 집중도가 떨어지는 약점이 있다. 또한 사역자의 리더십이 떨어진다. 그렇다고 다시 사역자의 리더십을 강조하게 되면 단기적으로는 효과가 있는지 몰라도 일을 분담할 수 있는 리더를 키울 수 없다. 최소한 소그룹 체제로 운영을 하면 회장단 뿐 아니라 부장급의 리더들이 성장할 수 있다. 그러므로 진정한 리더십은 모든 것을 장악하는 것이 아니라 책임을 맡은 사람들을 관리하며 양육하는 것이다.

또한, 분담 사역에서 중요한 것은 '중요한 일'을 맡기는 것이다. 분담한다고 하면서 중요한 일은 자신이 하고 하기 싫은 일이나 힘든 일만 맡기려는 사람이 있다. 이런 방식은 좋은 효과를 얻을 수 없다. 중요한 일을 과감하게 일임할 필요가 있다. 청년들은 자신의 능력에 벅찬 일을 하고 싶어 한다. 가슴이 뛰며 두려움을 느낄 만한 일에 □건께 □□□ □□ 이 □□□, □□,□□□□□ □□을 □□시시 □□□ 것은 □□한지 몰라도 청년들은 자신들이 실력발휘를 할 수 있는 것을 원한다. 리더십의 위임이 잘되면 청년사역이 너무나 재미있어진다. 또한 사역자는 다른 중요한 일에 자신의 힘을 집중할 수 있게 된다.

♥ 자원하는 마음을 일으키라

대학생들은 자발적이고 헌신적인 것이 분명하다. 그런데 문제는 이런 자발적이고 헌신적인 마음이 쉽게 생기지 않는다는 점이다. 장년부는 처음에는 하기 싫어도 해야하면 어느 정도 선까지는 한다. 그런데 젊은이들의 특징은 마음이 맞지 않으면 안 한다는 것이다. 자원하는 마음에는 좋은 효과가 있지만 그렇지 않은 경우에는 열매를 기대하기 힘들다. 그렇기에 이런 부분에 대해서 늘 연구해야 한다. 그렇다면, 어떻게 해야 자원하는 마음을 갖게 할 수 있을까?

일의 준비단계에서부터 함께 시작하는 것이다. 계획의 일방적인 전달은 마음을 움직이지 못한다. 결과적으로 회장단만 힘들어질 수 있다. 그러므로 기획단계에서부터 내용과 과정을 공개할 필요가 있다. 굳이 모든 사람과 함께 준비하고 계획할 필요는 없지만 핵심 멤버들과는 꾸준히 대화를 하며 참여를 유도해야 한다.

그리고 영적 동기유발을 해야 한다. 이것이 우리에게 무슨 의미가 있으며, 이 일이 우리 공동체(교회)에 어떤 영향을 끼칠 것인가?

더 나아가 역사적으로 이 일이 한국교회와 이 민족에게 얼마나 중요한가? 그리고 개인에게 어떤 영향을 줄 것인지 생각하게 하는 것이다. 그들이 스스로 그 일의 의미를 깨닫고 도전하게 해주어야 한다. 이를 위해서는 리더부터 이에 대한 질문과 답변을 가져야 한다. 그리고 깊은 통찰의 시간을 가지면서 청년들과 대화해야 한다.

이렇게 해서 세운 야심찬 프로그램도 시간이 지나면 시대의 영적 흐름에 뒤떨어져 타성에 젖은 모임과 훈련으로 변질될 수 있다. 그런 프로그램은 과감하게 없앨 필요가 있다. 하지만 이것을 없애고자 할 때도 독단적으로 처리해서는 안된다. 이것도 함께 상의해야 한다. 상의 중에 그 프로그램 본래의 의미를 되새기는 과정을 통해 새롭게 회복시킬 수 있다. 타성에 젖은 프로그램은 과감히 정리할 필요도 있지만 또한 갱신시키는 것도 필요하다.

또한, 자원하는 마음을 일으키고자 할 때는 '포장'을 잘해야 한다. 새로운 형태로 선을 보여야 한다. 청년들은 1년 생활하고 나면 다음 해 진행될 프로그램을 예상하는 지혜로움을 가지고 있다. 이것은 자칫 리더급 청년들에게는 신선함이 사라지게 할 수 있다. 그렇기에 리더는 새로운 아이디어를 첨가하여 내용은 같을지라도 신선함을 느낄 수 있도록 해야 한다.

본인이 사역하던 단체에서는 당시에 여름수련회를 적어도 한 달 가까이 준비한다. 한 달 동안 기도도 하고 전국으로 흩어진 형제자매 들을 심방하여 권면하며 여름수련회 등록을 시키기도 한다. 이러한 사역은 늘 공부하는 대학생들에게 부담이 되고 가난한 대학생들에게 물질적인 부담이 된다. 따라서 이 때쯤이면 수련회를 준비하는 학생들은 기능한 준비기간을 줄이려고 하기 낭낭 사역가는 기능한 준비기간을 충분히 하려고 한다. 여기에서 학생과 사역자들 사이에 긴장감 내지는 갈등이 나타나는 경우도 있다. 이러한 와중에 한 번은 학생회 회장단이 찾아와서 이번에는 자기들 스스로 심방계획을 세워 여름수련회를 준비하겠다고 의견을 내놓았다. 필자는 불안하였지만 이들을 믿어보고 뒤에서 도와주며 기도하기로 작정하고 모든 것을 자율적으로 하도록 도왔다.

얼마 후 그들은 수련회 준비계획서를 가지고 왔다. 그런데 놀랍게도 40여 일간 남쪽 부산에서부터 북쪽 강원도까지 권역별로 나누고 40여 일 동안 순례여행으로 준비하는 계획을 세워가지고 왔다. 필자는 너무 무리한 계획이라고 말렸지만 그들은 확신을 가지고 실행에 옮겨서 그 해에 그 어느 때 보다도 많은 사람이 참석하였고 은혜스럽고 성령충만한 수련회를 이루었다. 자율적인 역사가 얼마나 힘이 있고 효율적인 것인지를 여실히 보여주었다. 나는 지금도 그 때의 감격과 흥분을 잊을 수 없다.

♥ 한 사람 한 사람을 잘 이해하라

청년 대학부 사역자의 가장 큰 사역 중 하나는 바로 청년들 한 사람 한 사람을 잘 이해하는 것이라 할 수 있다. 공동체가 한 목표를 향해 나아가야 하지만 모두가 똑같은 모양으로 한꺼번에 나아갈 수는 없다. 커다란 비행기를 생각해 보라. 비행기가 목적지를 향해 날

아가기 위해서는 조종사가 필요하고 승무원이 필요하며, 보이지 않는 부분에서 기계를 점검하고 수리하는 사람, 그리고 목적지를 향해 가야한다는 것을 알고 돈을 내고 비행기에 타는 승객도 필요하다. 모든 사람이 다 조종사일 수 없고, 모든 사람들이 다 승무원일 필요도 없다. 공동체에는 여러 각양의 사람들이 모이게 되고 그렇기 때문에 서로 자극을 받으며 협력하여 더욱 효과적으로 일할 수 있게 해야 한다.

사역자는 공동체에서 매니저의 역할을 해야 한다. 필요한 사람을 적재적소에 배치할 수 있는 능력을 가져야 한다. 이것은 각 사람을 정확히 이해하지 않고서는 불가능한 일이다. 위에서도 이야기했지만 사역자가 자기 혼자 열심히 일한다고 해서 공동체가 잘 되는 것이 아니다. 다시 한 번 강조하지만 각 사람들의 은사를 잘 파악하고 그것을 계발해서 일을 맡기고 권한을 위임할 수 있어야 한다.

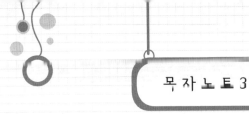

리더십이 중요하다

① 대학생사역에 대한 애정, 이해를 가진 리더십이어야 한다

② 일관된 리더십이 필요하다

③ 청년 대학생들과 같이 행동하라

④ 권위의식을 버리라

⑤ 도전적인 비전을 제시하라

⑥ 희생(섬김)을 보이라

⑦ 대화하라

⑧ 긍정적인 자아상을 확립하도록 도우라

⑨ 권한을 위임하라

⑩ 자원하는 마음을 일으키라

⑪ 한 사람 한 사람을 잘 이해하라

4장

비전을 제시하라

4장. 비전을 제시하라

청년공동체가 움직이도록 하는 원동력은 '비전' 이다. 비전은 목표(Goal)를 말한다. 목표를 잘 제시해야 청년들은 움직인다. 유초등부 같은 경우에는 사실 우리가 말하는 비전이 별 의미가 없다. 왜냐하면 이 때는 자립적으로 목표를 세우고 나아가는 시기가 아니기 때문이다. 반면, 스스로 인생을 세워나가는 시작점에 선 청년들에게 비전은 너무나도 중요하다.

🌳 목회자 자신이 먼저 비전을 가지라

비전이란 '하나님이 나에게 또는 공동체에게 주신 소명(Calling)'을 말한다. 비전은 하나님을 향한 열정에서 나온다. 따라서 하나님 나라에 대한 열망이 가득한 자는 하나님이 주시는 꿈으로 가득 차게 되어 있다. 반면 비전이 없으면 목표가 없기에 안일해지고 게을러진다.

공동체의 비전을 세우고 깨닫게 하는 것은 리더의 몫이다. 사람들은 눈앞에 있는 것만 본다. 그렇기에 리더는 그 시야를 넓혀주어야 한다. 원대한 그림을 보여주되 붙잡을 수 있는 거리의 단계적 목표를 제시하고 계속적으로 독려해야 한다.

싱가포르에서는 필리핀 출신의 가정부를 적지 않게 볼 수 있다. 필리핀에서 대학까지 나온 사람이 본국에 취업할 곳이 없자 멀리 싱가포르까지 온 것이다. 한때 필리핀은 아시아 2위의 선진국이었다. 반면 1965년 독립한 싱가포르는 아무 자원 없는 말레이 반도의 끝에 위치한 섬나라이자 160만명(2010년 현재 520만명)의 작은 도시 국가에 불과했다. 세월이 흘러 싱가포르는 3만 불이 넘는 선진국이 되었고 필리핀은 가난한 나라가 되었다.

두 나라가 이렇게 비교가 될 정도로 싱가포르가 성장 한데에는 탁월한 리더 한 사람이 제시한 비전 때문이다. 1965년도 독립한 이후에 계속 싱가포르의 수상직을 수행한 리콴유는 비전(목표)을 설정하고 사람들과 공유하는 것에 탁월했다. 그가 제시한 목표는 '1, 2, 3, 4, 5' 였다. 1명의 부인과 2명의 자녀를 갖고 방이 세 개인 집에서 바꿔가 네 개 달린 사글 뿌리며, 수납 500달러인 국가로 만들겠다는 것이다. 얼마나 명쾌한 목표인가!

비전은 사랑하는 마음으로 기도하고 말씀연구를 하다 보면 보이게 된다. 이를 위해서 하나님에 대한 열정을 가지라! 비전은 개인적인 욕심이 아닌 하나님 나라에 대한 열정으로 표현되어야 한다. 비전은 하나님 나라의 뜻을 이루는 것이지 한 사람의 야망을 이루는 것은 아니기 때문이다. 리더는 항상 나의 야망을 위한 비전은 아닌지 조심스럽게 성찰하는 가운데 자신을 부인하면서 하나님 나라와 영광을 위한 헌신의 삶을 추구해야 한다.

🌳 자신의 한계를 깨뜨리는 비전을 세우라

자신의 한계를 깨뜨리며 변화를 요구하는 비전이 필요하다. 우선적으로 해야 할 일은 청년공동체가 침체된 원인을 냉철하게 분석하고 판단하는 것이다. 우리가 하나님의 뜻에서 어떻게 벗어나 있는지, 이 상황에서 하나님이 우리에게 원하시는 것이 무엇인지 생각하고 반성해야 한다. 비전은 막연한 목표로 이루어지는 것이 아니다. 하나님 앞에서 자신을 깊이 반성하고 회개하고, 하나님을 새롭게 의지하는 것에서부터 나온다. 우리의 열정적인 비전은 하나님께로부터 나오는 것이지 인간적인 단합과 열심에서 나오는 것이 아니다. 하나님 앞에서의 깊은 반성과 회개야말로 리더와 청년들이 더 이상 물러설 수 없는 전진의 의지를 가지게 한다.

비전을 세우는 가운데 현재의 한계를 보게 된다. 그렇다고 해서 낙심하여 부정적이거나 소극적인 계획과 비전을 세워서는 안된다. 오히려 하나님을 믿는 믿음으로 현재의 한계를 뛰어넘는, 긍정적이면서 큰 비전을 제시하라. 특히 주의해야 할 것은 부정적인 관점에서 큰 비전을 세워서는 안된다는 것이다. 예를 들면, "한국 교회는 많이 썩었으니 우리가 참된 교회를 만들자"라는 식의 비전은 합당하지 않다. 사실 이런 방법으로 결속력을 다지는 곳이 있는데 대부분 이단이 그렇다. 하나님은 이처럼 파괴적인 비전을 기뻐하지 않으시므로 성취될 수가 없다. 문제의식이 있다면, 성경에 비추어 참된 공동체의 비전을 가지고 스스로 만들어가면서 세상의 빛이 되어야 한다.

💐 대학생들에게 맞는 비전을 설계하라

대학생들에게 맞는 비전을 설계하는데 염두에 두어야 할 것은 대학생들은 현실보다 이상적인 경향이 있다는 점이다. 따라서 비전도 이상적이어야 한다. 이런 점에서 청년의 비전은 개인적인 것보다는 공동체와 민족을 향한 것이어야 한다. 이런 원대한 야망이 청년으로 하여금 자신의 삶을 기꺼이 바치는 열정을 불러 일으킬 것이다. 요한 웨슬레는 "세계는 나의 교구다!"라고 외쳤다. 그리고 결국 그의 말대로 되었다. 감리교가 세계적 교구가 되었다. 세계선교를 외칠 때도 세계를 그냥 통틀어 하나의 세계로 표현하기보다는 더욱 구체적으로 '100개국의 선교'를 제시하는 것이 바람직하다. 이렇듯 청년 대학부 사역은 그들에 대한 바른 이해에서 비롯된 '생각하는 사역'이 되어야 한다. 중요한 점은 큰 인물은 그 사람의 능력이 아니라 비전에 의해서 결정된다. 하나님이 주시는 비전을 전폭적으로 수용할수록 큰 인물이 될 수 있다.

🌳 구체적이고 가시적인 비전을 제시하라

구체적이고 가시적인 비전을 제시하는 데는 은사가 필요하다. 저 멀리 있는 비전을 망원경으로 끌어와 확연히 보여줄 수 있어야 한다. 앞서 언급한 싱가포르 수상 리콴유가 제시한 목표처럼 구체적이어야 한다. 비전이 멀게만 느껴지게 해서는 안된다. 구체적으로 그림을 그려줄 수 있어야 한다. 그런 그림이 청년들 각각의 마음에 확연히 새겨져야 한다. 그래서 지금 당장 할 수 있는 일(해야 할 일)을 붙잡을 수 있어야 한다. 가시적이라는 것은 바로 학생들에게 비전이 피부로 다가오게 하고 학생들과 그 생각을 공유해야 한다는 것이다.

따라서 사역자는 비전을 제시하는 묘사력이 뛰어나야 한다. 학생들에게 최종적인 비전과 그 비전에까지 이르는 중간단계, 즉 중간 목표들을 보여주어야 하기 때문이다. 이를 위해 리더에게는 자기의 한계를 뛰어넘는 능력이 필요하다. 이런 점에서 리더에게는 하나님의 능력을 덧입는 기도와 깊은 묵상이 필요하다. 그런데 이 능력은 하나님만이 주실 수 있다. 그러므로 이런 은사가 없다고 포기하는

것은 옳지 않다. 하나님께 구하면 하나님이 주실 것이다(약 1:5).[17]

💗 비전을 이루기 위한 중간목표들을 세우라

위에서 언급했듯 비전을 구체화, 가시화하기 위해서는 '목표의 중간단계' 들을 설정해야 한다. 그리고 전체목표 중에 자신이 붙잡을 수 있는 '개인목표' 를 제시해야 한다. 전도를 예로 들어보자. 대체적으로 전도의 은사를 가진 사람은 교인 중에 약 10%정도에 불과하다. 이들의 역할이 교회 성도들을 자극하고 전도의 분위기를 일으킨다. 따라서 교회에 전도목표를 제시할 때는 전도의 은사를 가진 교인들에게 그런 분위기를 일으킬 수 있는 개인 목표를 제시할 수 있어야 한다. 또한 중간목표를 정할 때, 단계별 목표뿐만 아니라 기간별 목표도 제시해야 한다. 그래서 오늘 당장 해야 할 일과 한달, 반년, 일 년 후의 목표들이 순차적으로 제시되어야 한다.

그리고 자신의 헌신의 결과에 대해 다른 사람과 대화할 필요가 있다. 목표가 똑같다고 해서 모든 사람들이 동일한 결과를 얻는 것은 아니다. 이때 지속적으로 독려하고 이야기를 나누게 되면 서로 위로와 격려가 된다. 이러한 것이 처음에는 쉽게 되지 않지만 한 번 탄력을 받으면 효과적으로 이루어진다.

비전을 제시할 때에는 사용하는 언어도 중요하다. 예를 들어 개

---

17) 야고보서 1:5 너희 중에 누구든지 지혜가 부족하거든 모든 사람에게 후히 주시고 꾸짖지 아니하시는 하나님께 구하라 그리하면 주시리라.

인별 전도 목표를 제시할 때 "한 명만" 하자고 해서는 안된다. 각 사람의 능력이 다양한데 굳이 '한 명만' 이라고 표현한다면 결과적으로 목표는 하향평준화가 될 뿐이다. '한 명만' 이라는 표현은 단순하고 강력한 언어적 표현이지만 때로는 더 이상의 성장을 막는 요인이 될 수 있다. 그래서 '한 명만' 이라는 표현보다는 '최소한 한 명 이상' 일 때 훨씬 좋은 결과를 얻을 수 있을 것이다.

또한 지금 해야 할 일이 무엇인가를 분명히 보여주고, 그것을 위해서 지금 무엇을 준비하여야 하는지를 점검하여야 한다. '지금' 이라는 순간은 목표를 향해 나아가고 있는 길 위의 시간임을 인식하도록 하는 것이 중요하다. 여기서 리더의 의지가 중요하다. 리더가 무엇을 해야 하는지 불분명하게 인식하고 있다면 공동체는 결코 그 목표를 이루어 나갈 수 없게 된다. 리더는 매 순간 목표에 대한 인식 속에서 살아야 한다.

💗 비전을 이루었을 때 자신의 모습을 그리도록 하라

학생들에게는 현재 일과 비전의 연관성을 찾기가 쉽지 않아 보인다. 비전을 현재에서 이루는 사람은 많지 않다. 예배생활을 예로 들어보자. 역사의식을 가진 리더는 예배시간에 앉는 자리도 다르다. 예배에 늦게 왔는데 앞쪽에 빈자리가 보일 때 다른 사람들은 그 자리를 기피하지만 리더는 예배 분위기를 이루기 위해서 그 자리에 앉는다. 그래서 전체적 분위기를 균형 있게 만드는 것이다. 이처럼 참된 리더는 큰 비전속에서 당장 자신의 일을 찾아서 하는 사람이다. 리더가 되지 못하는 사람은 전체적인 비전과 현재의 자신의 할 일을 연결시키는 못하는 사람이다.

청년 대학부에게 현재 일과 비전과의 연관성을 설명하기 위해서는 먼저 동기를 제공해야 한다. 현재의 일이 장차 내일의 비전을 이루는데 있어 중대한 밑거름이 됨을 주지시키며 현재의 일을 결코 소홀히 여겨서는 안 된다는 것을 알려주어야 한다.

동기를 제공하는 데에 있어 '근거'를 제시해야 한다. 이러한 근거의 자료에는 위인전, 예화 등이 있다. 하지만 가능하면 가까운 사람, 현대적 시사를 근거로 들면 좋다. 그런 점에서 역사와 전통이 있는 교회는 잘 성장한다. 동기부여가 될 수 있는 좋은 소재가 주변에 많기 때문이다. 또 굳이 말하지 않아도 그 주변의 사건, 사고, 생활 모습을 통해서 배우기도 한다. 좋은 모델은 따라하고 싶어진다. 이보다 더 좋은 교육은 없다.

많은 사람들이 꿈은 잘 꾼다. 그러나 대부분은 꿈만 생각하지 목표를 정하지도, 구체적으로 단계를 만들지도, 꾸준하게 밀고 가지도 못한다. 그래서 꿈이 비전이 되지 못하는 경우가 많다. 비전의 성패는 실천력에 달려있다. 비전을 잃어버리지 않고 꾸준하게 실천하는 삶이 있어야 한다. 그것을 돕기 위해 개개인이 목표를 계속해서 재인식할 수 있도록 자극해야만 한다. 하나님은 바로 이런 사람을 통해서 당신의 계획을 성취하신다.

필자가 중학교 교사로 3학년을 담임하고 있었던 때였다. 어느날, 우리 반에 배정된 학생들의 성적표를 검토하던 중 한 학생에게 관

심이 갔다. 그 학생은 우리 반에 수석으로 들어왔나 그러네 실제 성
적으로는 3등 이었다. 이런 경우 담임선생님은 약간 김이 샌다. 왜
냐하면 우리 반의 일등이 전체 수석을 못하면 아무래도 학생들의
사기가 떨어지고 성적에도 영향을 미친다. 이 학생의 성적은 늘 전
체에서 2-5등을 오르락내리락 하였고 한 번도 수석을 못하였다. 필
자는 이 학생에게 꼭 수석을 하는 경험을 하게 하고 싶었다. 이런 생
각을 하고 있던 차에 그 학생의 부모가 필자를 방문하였고 자기 자
녀가 전체 수석을 한 번이라도 한다면 원이 없겠다고 하였다. 이것
은 필자도 원하는 바였다. 필자는 학부형이 협조하면 꼭 수석을 이
루어 내겠다고 약속하였다.

　그날 필자는 그 학생을 불렀다. 학생을 면담한 결과 그 학생도 전
체 수석을 하고 싶은 마음이 있다는 것을 확인하였다. 필자는 그 학
생에게 1년 후 졸업 할 때에 전체수석을 하고 교육감 상을 받을 것
을 믿고 소감문을 작성하도록 하였다. 그리고 학생 자신과 학부모
담임선생인 필자 3인이 사인을 하였고 그것을 3부를 복사하여 액자
에 넣어 1부는 학생이, 1부는 학부모가, 1부는 담임인 필자가 보관
하였다. 그 학생은 새로운 의욕과 마음을 가지고 열심히 공부하였
다. 그 학생은 놀랍게도 3월 첫 달부터 수석을 하여 1년 동안 한 번
도 수석을 놓치지 않았고 졸업 때에 전체 수석졸업생에게 주는 교
육감상을 수상하였다. 놀랍지 않은가! 이로써 우리는 목표를 확실
히 세우고 그 목표를 이룬 자신의 모습을 미리 그려보는 것이 얼마
나 영향력이 큰가를 알 수 있다.

🏆 비전을 계속 되새기는(remind) 자리를 가지라

비전을 되새기는 데에 가장 좋은 것은 '기도'이다. 모일 때마다 기도해야 한다. 그러나 아무 생각 없이 "목표 위해 기도합시다!"라고만 해서는 안된다. 사역자부터 먼저 반드시 이루어야 한다는 열망을 가지고 기도제목을 제시해야 한다. 열망이 없다면 기도가 되지 않으며, 중언부언하는 기도 또한 응답의 역사가 없다. 이런 점에서 기도가 피상적으로 흘러서도 안 된다. 따라서 사역자가 공동체의 비전을 먼저 자신의 비전으로 삼아야 한다.

기도를 통해 비전을 확신하였다면 이제 설교를 통해서 구체적 비전을 제시해야 한다. 설교는 하나님께서 우리에게 허락하신 말씀을 '지금 우리가 해야 할 일이 무엇인가?'라는 문제의식 속에서 현재화하는 것이다. 청년사역자는 설교를 통해서 교회를 역동시켜야 한다. 하나님이 우리에게 주신 비전을 이루기 위해서 하나님의 말씀을 가지고 고민하며 투쟁해야 한다. 지도자는 말씀을 통해 계속해서 청년들의 비전을 자극시켜야 한다. 그저 객관적으로 훌륭하기만 한 설교가 되어서는 안된다. 이러한 이유로 설교자는 목적이 있는 설교를 해야 하며, 성경해석도 목표의 관점을 가지고 해야 한다. 그렇다고 해서 성경을 임의로 해석하라는 것은 결코 아니다. 어떤 말씀이든지 현재의 상황에 맞는 해석을 해야 하며, 이것은 설교자의 몫이다. 이런 점에서 청년사역자는 예수님의 제자양성 부분에 깊은 관심과 연구가 있어야 한다.

비전을 제시하라

❶ 목회자 자신이 먼저 비전을 가지라

❷ 자신의 한계를 깨뜨리는 비전을 세우라

❸ 청년 대학생들에게 맞는 비전을 설계하라

❹ 구체적이고 가시적인 비전을 제시하라

❺ 비전을 이루기 위한 중간목표들을 세우라

❻ 비전을 이루었을 때 자신의 모습을 그리도록 하라

❼ 비전을 계속 되새기는(remind) 자리를 가지라

5장

성취감을 갖도록 하라

5장. 성취감을 갖도록 하라

아무리 좋은 일이라 해도 그 일에 대한 성취감이 없으면 일의 한계는 너무나도 쉽게 다가온다. 축구도 골맛을 아는 사람이 골을 더 잘 넣는다. 그 기쁨을 알기 때문에 골을 넣기 위해 최선을 다한다. 신앙생활도 마찬가지이다. 감격적인 성취를 맛본 사람은 주의 일을 못하게 해도 오히려 더욱 적극적으로 하고자 한다. 그래서 기독교는 "체험의 종교" 라고도 한다. 은혜를 맛본 사람이 더 큰 은혜를 사모하는 것이다. 따라서 리더는 이상적인 목표만 제시할 것이 아니라 그 일의 성취를 중간 중간 맛보게 하는 것도 필요하다.

🏆 도전적인 프로젝트를 세우라

성취감을 맛보게 하기 위해서는 목표가 있어야 하는데, 그 목표가 도전적일수록 성취감도 강하다. 따라서 도전적인 프로젝트를 세워야 한다. 또 프로젝트가 도전적일 때 사람들은 긴장을 하게 된다. 긴장이 모두 나쁜 것은 아니다. 적당한 긴장은 오히려 목표에 집중할 수 있게 하는 힘을 제공한다. 좋은 리더일수록 각 사람과 그 공동체의 능력을 최대한 발휘하도록 돕는다. 이런 면에서 도전적 프로젝트는 하나님이 각 사람에 주신 잠재력을 끌어올리는 기폭제가 될 수 있다.

학생회 여름 및 겨울수련회는 학생들에게 도전을 주며 그들을 성령 충만하게 도와 성장의 기폭제로 삼는 중요한 사역이다. 그런데 수련회 때마다 늘 아쉬움이 있었다. 학생들에게 너무 시간이 없다는 것이다. 학생들은 방학을 이용하여 그동안의 부족한 공부를 위한 학원수강, 대학교 계절학기 수업, 아르바이트 등으로 너무 분주하다. 그리하여 학생들은 최소한의 기간인 2박3일정도의 수련회를 갖는 것도 벅차다. 때문에 이러한 학생들의 형편과 타협하여 도시 근교에서 수련회를 하여 학생들이 학교공부나 아르바이트하면서 일부라도 참석하도록 배려하고자 하는 경우가 많다. 그러나 그렇게 되면 수련회는 뒤늦게 참석하고 일찍 돌아가는 학생들로 집중력이 흐트러지고 처음부터 끝까지 온전히 참석하는 숫자도 지극히 제한적일 수밖에 없다. 이러한 아쉬움 속에 필자는 어차피 이렇게 부득이할 바에야 참석하는 사람이라도 집중적인 은혜를 받도록 아예는 생각을 하였다. 그리고 적합한 장소를 놓고 기도하던중 절대로 도중에 돌아갈 수 없는 제주도가 믿음을 시험하고 결단하기에 가장 좋다고 확신하였다. 그래서 그 해 여름 수련회는 제주도로 가기로 연 초에 앞서 발표하고 기도하기 시작하였다. 이러한 도전은 당시로는 상상하기 어려운 것이었다. 2박 3일도 온전히 시간을 못내는 학생들이었다. 수련회비 2-3만 원도 어려워하는 처지였는데 5박 6일에 1인당 10만 원도 넘는 수련회는 꿈도 꾸지 못하는 형편이었다. 하지만 연 초부터 기도하며 치밀하게 준비한 결과, 도리어 그 해에 평소의 20여 명보다 배가 많은 40여 명이 참석하여 5박 6일 동안 뜨거운 기도와 충만한 은혜를 체험하는 수련회가 되었다. 청년들은 현실적인 타협보다 믿음으로 뜨거운 도전을 할 때에 오히려 놀라운 능력을 발휘한다.

그렇다면 청년공동체가 도전적인 프로젝트를 세우지 않는 이유는 무엇인가? 그것은 바로 리더의 두려움이다. 자신부터 지나치게 헌신해야 한다는 부담은 자기 한계를 먼저 바라보게 만들기 때문에 리더를 움츠려들게 만든다. 그러나 리더에게 도전적인 자세는 참으로 중요하다. 미국의 제 26대 대통령 루즈벨트는 일본 본토 공격을 제안하면서 "피와 땀으로 뒤범벅되어 일어서는 사람이 진정한 리더다."라고 했다. 리더는 넥타이를 매고 책상에 앉아서 리더십을 발휘할 수 없다. 리더십은 현장에서 나오는 것이다. 리더는 다른 사람이 무너졌을 때 분연히 홀로 일어서는 사람이다.

민수기 13-14장에 보면, 출애굽 당시에 모세는 가나안 땅에 각 지파의 수대로 12명의 정탐꾼을 보내었다. 이들 중 10명의 정탐꾼은 '그 땅은 장대한 거인들이 사는 악한 땅이라. 그들은 우리를 죽게 만들 것이다.' 라고 부정적인 보고를 함으로 이스라엘 백성을 낙담 시켰다.[18] 그러나 다른 두 사람, 여호수아와 갈렙은 '그 땅은 하나님이 주신 젖과 꿀이 흐르는 땅이다. 그들은 우리의 밥이다' 라고 외쳤다.[19] 결국 그 땅에 들어간 사람은 여호수아와 갈렙이었으며, 이들은 그 땅을 정복하는데 탁월한 리더십을 발휘하였다. 이들은 한 마디로 하나님이 주신 도전적인 프로젝트에 감동된 사람들이다. 그렇다면, 리더십을 가진 리더가 프로젝트를 성공하기 위해서 어떻게 해야 하는가?

♥ 공감대를 형성하라

프로젝트를 성공시키기 위해서는 공감대를 형성하는 것이 필수

---

18) 민수기 13:32-14:1 이스라엘 자손 앞에서 그 정탐한 땅을 악평하여 이르되 우리가 두루 다니며 정탐한 땅은 그 거주민을 삼키는 땅이요 거기서 본 모든 백성은 신장이 장대한 자들이며, 거기서 네피림 후손인 아낙 자손의 거인들을 보았나니 우리는 스스로 보기에도 메뚜기 같으니 그들이 보기에도 그와 같았을 것이니라. 온 회중이 소리를 높여 부르짖으며 백성이 밤새도록 통곡하였더라.

19) 민수기 14:7-10 이스라엘 자손의 온 회중에게 말하여 이르되 우리가 두루 다니며 정탐한 땅은 심히 아름다운 땅이라. 여호와께서 우리를 기뻐하시면 우리를 그 땅으로 인도하여 들이시고 그 땅을 우리에게 주시리라 이는 과연 젖과 꿀이 흐르는 땅이니라. 다만 여호와를 거역하지는 말라 또 그 땅 백성을 두려워하지 말라 그들은 우리의 먹이라 그들의 보호자는 그들에게서 떠났고 여호와는 우리와 함께 하시느니라. 그들을 두려워하지 말라 하나 온 회중이 그들을 돌로 치려 하는데 그 때에 여호와의 영광이 회막에서 이스라엘 모든 자손에게 나타나시니라.

시며, 한국의 위기였던 IMF 무렵 전 국민적으로 "금 모으기 운동"이 펼쳐졌다. 국민들이 위기를 느끼고 나라를 위하는 한마음으로 자발적으로 나섰다. 이는 전세계를 놀라게 하였다. 대국민 자발적 '금 모으기 운동'으로 인해 한국은 그 어느 나라보다 빠르게 IMF 위기에서 벗어나게 되었다. 아무리 큰 문제라고 할지라도 공감대만 있다면 큰 힘을 발휘하여 단숨에 극복할 수 있음을 보여주는 좋은 사례이다. 그렇다면 공감대 형성을 하려면 어떻게 해야 하는가?

첫째, 의미설명

공감대를 형성하는 데 있어 중요한 것은 프로젝트에 바른 의미를 부여하는 것이다. 이루려고 하는 프로젝트가 개인에게 어떤 의미가 있는지, 또 공동체에게는 어떤 의미가 있는지 설명해 주어야 한다. 젊은이들은 동기가 부여될 때 활발하게 움직인다. 그런데 많은 청년사역자들이 이 사실을 간과한다. 따라서 리더는 두 가지 목표를 마음에 두어야 한다. 영적 목표와 가시적 목표이다. 영적 목표는 동기를 부여하는 힘이 되고 가시적 목표는 평가의 기준과 성취감 형성에 지표가 된다.

이런 목표 지향적 사역을 하다보면 이것에 반감을 가지는 학생 리더들이 가끔 나타나곤 한다. 그런데 보통 그러한 반감은 헌신을 적게 하는 이들에게서 나온다. 즉, 헌신하지 않는 자신을 정당화하려는 경향을 가진 사람에게서 나타난다. 하지만 그런 지체에게도 목표를 이루고자 하는 자세가 왜 필요하고 또 이 목표가 얼마나 유익한지를 차근차근 설명해 주도록 하라. 그리하여 식어버린 그의 헌신을 다시금 불 붙여야 한다. 리더는 바로 그런 사람을 설득함으로써 공동체에 리더십을 보여주어야 한다. 반감을 가진 사람이 소수라고 해서 그를 버리고 간다면, 결국 그 프로젝트는 실패하고 말 것이다. 프로젝트의 성패는 의외로 반감을 가진 한두 사람을 어떻게 설득하여 동참시키느냐에 달려 있다. 왜냐하면 이들이 전체의 마음을 모으는데 결정적인 역할을 하기 때문이다.

둘째, 프로젝트의 의미 설명의 효과

목표에 의미를 잘 부여하기 위해서는 묘사력이 뛰어나야 한다. 추구하는 프로젝트가 어떤 유익이 있는지를 잘 설명해 주어야 한다는 것이다. 이를 위한 좋은 방법은 실제적으로 이미 승리했던 모델을 보여주는 것이다. 일련의 모범적 사례들은 사람들의 공감을 형성하는데 좋은 역할을 한다. 또한 성경 속에서 가장 적절한 사건을 찾아 같이 설명하는 것도 한 방법이 된다. 성경에 나타난 사건의 인용은 놀랍게 성령의 바람을 불게 한다. 청년들에게 성령의 바람이 들어가면 변화가 된다. 청년들은 마음이 움직이기 시작하면 무섭도록 헌신한다. 사람은 희생정신만으로는 움직이지 않는다. 감동이 필요하다.

셋째, 함께 기도하라

성경의 감동은 기도로 이어져야 한다. 기도는 모닥불에 석유를 붓는 것과 같다. 사람의 기억은 한계가 있어서, 감동을 오래도록 담아두지 못한다. 그러나 기도는 마음을 새롭게 하고 매번 결단의 기외롭게 산다.

공동체가 함께하는 합심기도는 공동체적으로 큰 힘이 되고 위로가 된다. 사람들은 자신의 이름이 공동체에 공개될 때 (좋든 안 좋든) 긴장하게 된다. 기도제목을 적어 내라고 한 뒤 서로를 위해서 돌아가며 뜨겁게 기도할 때 힘이 몇 배로 강해지는 것을 보게 된다. 하나님은 항상 모여서 공동으로 기도할 때 강력한 역사를 이루신다. 기도하는 사람들이 은혜를 받게 되는 것이다. 합심기도는 추구하는 프로젝트 뿐 아니라 개개인에게도 많은 힘이 된다.

주의할 것은 합심기도를 구태의연한 방식으로 되풀이하지 말아야 한다는 것이다. 기도의 방식은 가끔씩 바꿔줘야 한다. 공동체 구성원들이 구태의연한 생각, 자세를 가질 때쯤 되면 기도 방식에 변화를 주어 새로운 마음을 가지게 해야 한다. 식상하면 안된다. 새로운 감동을 위해서 창조적인 아이디어를 찾아야 한다.

넷째, 참여시켜라

일천 명을 모으기로 목표했다고 하자. 나는 움직이기 쉽다. 문제는 '구성원들이 어떻게 움직이게 하느냐?' 이다. 개개인이 움직이게 하기 위해서는 어떻게든지 참여시켜야 한다. 참여하는 사람만이 승리의 기쁨을 맛볼 수 있다. 바사왕국의 술 맡은 관원장인 느헤미아는 성벽이 무너진 것이 예루살렘의 위기라고 보았다. 성벽이 없는 예루살렘은 이방인의 가장 손쉬운 약탈대상이었다. 약탈의 분위기 속에서 성전의 권위는 땅에 떨어졌다. 그는 예루살렘 총독으로 부임하자 성벽 재건에 앞장섰다. 그러나 이 일은 수 십 년 동안 방치

되어있던 예루살렘 성벽을 재건하는 엄청난 사업이었다. 이를 위해서 느헤미아는 예루살렘 백성들에게 역할을 분담했는데, 그것은 바로 자기 집 앞에 있는 성벽을 수리하게 하는 것이었다(느 3장). 누가 자기 집 앞 성벽을 소홀히 하겠는가? 모두가 최선을 다해 참여했고 그 결과 예루살렘 성벽은 52일 만에 완공할 수 있었다(느 6:15).[20] 백성들은 자신들이 이 일을 성취하고서도 그 결과에 놀라서 "하나님이 이루셨다"고 고백하였다. 비전은 공동체 전체가 참여해서 이루는 것이지 리더 한 사람의 탁월함으로 이루는 것은 아니다. 리더의 탁월함은 공동체 전원을 어떻게 참여시킬 것인가에 달려있다.

🌳 리더가 동참하라

리더 동참은 필수적이다. 선교단체와 일반 대학부의 차이점이 바로 이 사역자의 현장성에 있다. 선교단체의 사역자는 현장에서 멤버들과 함께 뛰어다닌다. 동고동락한다. 반면 교회 대학부의 리더는 기획하고 준비하는 데는 세련되었지만 실제적으로 사람을 만나고 불러모아야 하는 현장에는 빠져있는 경우가 많다. 이것은 굉장한 차이이다. 최고의 리더는 현장의 핵심부에서 뛰어야 한다. 부목사가 뛰어서 나타나는 효과보다 담임목사가 뛸 때 몇 배의 효과가 있다. 청년 대학부 사역자는 현장에서 본을 보여야 한다. 청년들에

---

20) 느헤미야 6:15-16 성벽 역사가 오십일 만인 엘룰월 이십오일에 끝나매, 우리의 모든 대적과 주위에 있는 이방 족속들이 이를 듣고 다 두려워하여 크게 낙담하였으니 그들이 우리 하나님께서 이 역사를 이루신 것을 앎이니라.

세 빌리 계신 예수님을 본받게 하기 보나는 눈앞에 있는 청년사역
자를 본받게 해야 한다. 이처럼 사역자가 먼저 나설 때 청년들은 더
욱 자발적으로 프로젝트에 동참하게 될 것이다. 이런 분위기가 조
성된다면 비록 프로젝트를 위한 세련된 준비가 부족할지라도 더 좋
은 결과를 얻게 될 것을 확신한다.

🌷 재정자립에 대한 계획을 세우라

모든 프로젝트에는 재정이라는 현실적인 문제가 있다. 앞서 말한
것처럼 재정적인 원칙은 자립이다. 지원을 받으면 그 순간부터 학
생들은 뛰지 않는다. 반면, 자립적으로 해결하려 하면 더 많은 헌금
이 들어온다. 여기에서는 사역자의 계획이 중요하다. 사역자는 가
슴은 뜨겁지만 머리는 냉철해야 한다. 자립이라는 원칙 속에서 재
정에 대한 철저한 계획을 세워야 한다.

때로는 하나님이 모든 것을 채워주실 줄 믿고 계획을 세울 수 있
다. 그러나 이것은 종종 다른 사람에게 뜻하지 않는 부담을 줄 수 있
다. 이럴 바에는 차라리 청년공동체의 자립적인 해결책을 찾는 것
이 낫다. 왜냐하면 재정자립원칙은 청년 스스로가 자신의 일에 대
한 주인의식을 갖도록 하기 때문이다.

🌳 시대적인 흐름을 접목하라

프로젝트를 세울 때 시대적 흐름을 파악하는 것은 매우 중요하다. 어느 시대든지 도도하게 흐르는 시대정신이 있다. 그 시대정신을 잘 파악해야 한다. 그 흐름을 잘 타면 작은 공동체가 크게 성장하는 계기가 될 수 있다. 예를들어, 종종 여름 태풍으로 인한 수해가 있다. 이런 때는 수해를 동기로 해서 청년들을 헌신하게 자극할 수도 있다. 선거철이 되면 '선거 동참하기 캠페인' 에 적극적으로 참여함으로 나라와 민족에 대한 책임감을 갖는 그리스도인이 되게 하는 것도 좋은 방법이다. 특히 선교 프로젝트를 세울 때는 세계 선교의 흐름을 참조하는 것이 중요하다. 예를 들어 영어는 우리 민족에게 영원한 열등감인데, 지금 시대에서는 영어와 관련해서 프로젝트를 세우면 긍정적 자극이 된다.

🌳 정기적인 것과 일시적인 프로젝트를 차별화하라

프로젝트에는 단회적인 것과 정기적인 것이 있다. 모임의 정체성을 위한 프로젝트나 기본적인 프로그램 등은 정기적 프로젝트에 해당된다. 이런 기본적인 프로그램을 운영할 때 주의할 점은 매너리즘에 빠지지 않도록 하는 것이다. 기본적인 프로그램은 매번 반복되는 것이기 때문에 회원들이 식상해하기 쉽다. 따라서 회원들이 항상 새로운 마음으로 참여할 수 있도록 변화를 주어야 한다. 이

넣게 일려의 행사를 중에는 기본적으로 집중해야 할 프로젝트가 있는가 하면 새로운 자극을 줄 수 있는 단회적 프로그램도 있다. 이것들을 유의하여 차이를 두어서 진행해야 한다. 계속 이야기되는 것이지만 일련의 모든 행사에 동일한 무게로 집중을 하면 매너리즘에 빠지거나 자극에 무디어질 수도 있고, 또 자칫 사역이 프로그램 중심으로 바뀔 소지도 있다. 따라서 전체의 프로젝트를 두고 각각의 프로그램의 경중을 달리하여 집중도를 따져보아야 한다.

💜 기존 프로그램을 매년 업그레이드 하라

프로그램의 구별이 이뤄졌다면 이제는 프로그램이 매년 새롭고 신선함을 유지하도록 해야 한다. 연구하지 않고 안주하면 곧 정체되고 만다. 사역자들은 학생들의 상식의 허를 찔러야 한다. 학생들이 프로그램을 다 알고 있다면 이미 효과를 잃어버린 것과 같다.

정기적인 프로그램도 새롭게 재구성해야 한다. 정기적인 프로그램은 학생들을 질리게 만들 수 있다. 2-3년에 한 번 정도는 학생들을 긴장하게 할 수 있는 프로젝트를 강행하는 것이 필요하다. 예를 들면, 필자의 경우에는 리더들의 강한 정신력과 공동체의식을 함양시키기 위해 '독수리 훈련'이라는 이름의 프로그램을 진행했다. 보통은 대학별로 담당사역자들이 진행하지만, 2-3년의 적절한 주기로 특별한 독수리 훈련을 준비하고 진행하였다. 전주 모악산-금산사 산행 후 도보훈련, 전주-익산간 도보 훈련, 지리산 정상기도회, 동서

화합을 위한 기도회(전주,광주,부산지구 연합) 등 훈련의 장소와 강도를 달리하는 훈련을 통해 학생리더들과 후배사역자들에게 적절한 긴장감과 자발성을 유도하고자 했다. 이런 긴장감이 청년사역을 생동감있게 한다.

💗 반드시 평가회를 갖도록 하라

피드백(feedback)은 모든 프로그램에 필수과정이다. 이 과정에 일반 회원들이 모두 참여할 필요는 없다. 책임자들과 관련된 사람들이 참여해야 한다. 평가회는 예수님의 사역방법 중의 하나이다. 예수님은 제자들이 전도여행을 마쳤을 때, 이에 대한 평가의 자리를 가지셨다(막 6:30-31, 눅 10:17-20).[21] 예수님은 제자들이 행한 사역보고를 들으셨을 뿐만 아니라, 자칫 들떠있는 제자들에게 진정으로 기뻐해야 할 것은 그들의 업적이 아니라, 그들의 이름이 하나님 나라에 기록된 것임을 깨닫게 하셨다.

예수님의 평가회에서 보듯이, 평가는 일에 대한 것뿐만 아니라 책임을 맡은 사람에 대한 것도 이루어져야 한다. 특히 리더 자신에

---

21) 마가복음 6:30-31 사도들이 예수께 모여 자기들이 행한 것과 가르친 것을 낱낱이 고하니, 이르시되 너희는 따로 한적한 곳에 가서 잠깐 쉬어라 하시니 이는 오고 가는 사람이 많아 음식 먹을 겨를도 없음이라.
　　누가복음 10:17-20 칠십 인이 기뻐하며 돌아와 이르되 주여 주의 이름이면 귀신들도 우리에게 항복하더이다. 예수께서 이르시되 사탄이 하늘로부터 번개 같이 떨어지는 것을 내가 보았노라. 내가 너희에게 뱀과 전갈을 밟으며 원수의 모든 능력을 제어할 권능을 주었으니 너희를 해칠 자가 결코 없으리라. 그러나 귀신들이 너희에게 항복하는 것으로 기뻐하지 말고 너희 이름이 하늘에 기록된 것으로 기뻐하라 하시니라.

내린 반응이라면 평가가 있을 때, 청년들과 깊은 관계를 형성할 수 있다. 그리고 전체적인 문제에 대해서 가능하면 청년들 스스로 평가하도록 해야 한다. 또한 평가를 할 때는 정확하고 구체적으로 해야 한다. 평가회를 하면서 스트레스를 받을 수 있지만, 때로는 적당한 스트레스를 받아야 할 필요도 있다. 이런 과정을 통해서 리더는 강해지고 성장하게 되기 때문이다. 이러한 평가회가 공동체에 자리 잡게 되면 그다음부터는 일하기가 쉬워진다.

목자 노트 5

성취감을 갖도록 하라

❶ **도전적인 프로젝트를 세우라**

❷ **공감대를 형성하라**
1) 의미설명
2) 프로젝트의 의미 설명의 효과
3) 함께 기도하라.
4) 참여시켜라.

❸ **리더가 동참하라**

❹ **재정 자립에 대한 계획을 세우라**

❺ **시대적인 흐름을 접목하라**

❻ **정기적인 것과 일시적인 프로젝트를 차별화하라**

❼ **기존 프로그램을 매년 업그레이드 하라**

❽ **반드시 평가회를 갖도록 하라**

6장

재정 자립성을 갖게 하라

6장. 재정 자립성을 갖게 하라

선교단체는 대부분 교회에서 후원을 받지 못한다. 받아도 미흡한 수준이다. 그래서 자체적으로 조직을 운영해야 하는 어려움이 있지만 가난한 형편을 제자양육의 기회로 삼고 있다. 가난한 형편이 독립적이며 야성적인 기독청년을 양성한다. 확신컨대 청년사역은 돈이 없어서 어려운 것이 아니라 돈이 많아서 망하는 것이다. 돈이 부족하여 사역이 어렵다고 말하는 사역자가 있다. 그러나 엄밀하게 말하면 돈이 없어 사역을 못하는 것이 아니라 훈련되고 헌신적인 사람이 없어서 사역이 어려운 것이다. 더 엄밀하게 말하면 믿음 있는 사람이 적어 사역이 어려운 것이다. 믿음 있는 사람으로 양성하는 데 있어 중요하며 필요한 훈련 과정이 바로 헌금훈련이다. 자신의 힘이 닿는 대로 헌금을 드릴 줄 아는 사람은 중요한 시점에 하나님께 과감히 헌신할 수 있게 된다. 이런 사람들 몇몇만 모여 있으면 사역이 힘을 얻게 된다.

그러므로 재물은 신앙 평가의 리트머스 시험지가 된다. 물질문제를 소홀히 하는 것은 신앙의 참된 훈련을 포기하는 것과 같다. 재정 자립 훈련이 안 된 사람은 전심을 드리지 못하게 된다. 그런 면에서 지원이 많은 대형교회의 청년 대학부는 받아 누리는 법만 알지 자신을 드리는 데에는 인색한 경우가 많다.

♥ 지원받는 것은 수치라는 생각을 가져야 한다

자립정신을 가지도록 훈련시켜야 한다. 하나님의 자녀는 하나님으로부터 받는 은혜와 사랑으로 충분하다. 이 땅에서 하나님의 자녀의 삶은 내가 가진 것을 드리는 것이며, 나눠 주는 데 의미가 있다. 청년공동체가 재정적 지원을 받고 있다면 하루 빨리 벗어나고자 하는 자세를 가져야 한다. 우리가 어떠한 행사를 계획했다면 그에 필요한 재정도 자립하고자 하는 것이 필요하다. 그러므로 평소부터 자립을 위한 교육을 시켜야 하며, 사역자부터 '어떻게 하면 재정을 타낼 수 있을까?' 하는 생각을 하는 것이 아니라, '어떻게 하면 자립할 수 있을까?' 하는 생각을 해야 한다. 자기 돈을 드려서 주의 일을 감당해야 성장하는 것이다.

또, 주는 자가 복이 있다는 확신을 가지게 해야 한다. 받는 자가 리더하기 보다는 섬기는 자기 큰 자임을 확신하며 더 많이 나눠주고자 쓰도록 가르쳐야 한다. 전주에 있는 안디옥 교회는 이런 면에서 좋은 모범이 된다. 안디옥 교회는 처음부터 모든 부서가 '자립의 원칙'으로 시작했다고 한다. 심지어는 주일학교 유초등부도 자립했다. 어린 아이들까지도 적극적으로 헌금하도록 하는 것이다. 이 교회에서는 자립이 자부심이다. 모든 교회에서 다 운영하고 있는 교회 버스조차도 운영하지 않고 있다. 교인들이 서로 태우고 오라는 것이다. 안디옥 교회는 그 비용으로 선교헌금에 쓴다고 한다.

한국 기독교 역사는 20세기의 기적이라고 불릴 만큼 교회 역사에 남는 놀라운 것이다. 이런 부흥의 이면에는 미국의 남, 북 장로교와 감리교가 채택한 네비우스(Nevius)의 선교정책이 있다. 네비우스 선교정책 중의 하나는 선교지의 재정자립화였다. 한국교회는 초창기부터 재정적인 자립의 의지를 가지고 있었다. 이러한 분명한 의식이 있었기에 한국교회는 놀라운 성장을 이룰 뿐만 아니라 선교하는 교회로서 역사적 위치를 가지게 되었다. 우리 믿음의 조상들의 이러한 자립의지를 오늘날 기독청년들도 계승하며 발전시켜야 한다.

수련회나 행사들도 자립하도록 해야 한다. 청년공동체 리더들은 행사 예산을 세울 때 교회로부터 재정 지원을 점차 줄여가며 재정 자립을 이루고자 해야 한다. 처음부터 교회로부터 얼마를 지원받으려는 생각부터 하면 결코 자립할 수 없다. 수련회비가 높게 책정되는 것을 부담스러워 해서도 안된다. 재정이 부족하면 부족한대로 없으면 없는 수준에서 가난하게(고생하면서) 시작할 필요가 있다.

수련회를 기획하는데 재정이 부족한가? 그렇다면 금식수련회부터 시작하라. 수련회의 7할은 식사비다. 금식하시며 공생애를 시작하셨던 예수님을 묵상하며 자신의 삶을 돌아보게 하는 것도 은혜가 된다.

교회의 지원이 없으면 수련회비가 부담스럽게 다가올 것이다. 한 번 전통이 세워지면 그 다음부터는 쉽다. 학생선교 단체의 경우 여름수련회 등의 행사를 참여하고자 미리 저축하고 아르바이트를 하는 것이 그리 낯설지 않다. 그러나 교회는 어떠한가? 단 5만원의 수련회비조차도 최소한 절반을 교회에서 보조해야 한다고 생각하는 경우가 있지 않은가? 부담 없이는 결코 성장도 없다.

요컨데, 재정자립 수련회를 목표로 선포하고 취지를 설명하며 동기를 부여한다. 그리고 다양한 재정 수입 방법을 제시하면 청년들은 움직인다. 한번은 청년공동체 리더들이 하계 해외선교탐방 계획을 보고한 적이 있었다. 교회에서 절반정도의 재정을 지원해 줄 것을 요청해 왔다. 그러나, 교회 재정에 여유가 없었기도 하지만 자립심을 갖게 해주고자 자체적으로 재정을 마련해 볼 것을 권했다. 처음에는 부담스러워 하더니, 일일찻집을 통해서 판매도 하고 후원도 받아 필요한 재정을 만들어 성공적으로 다녀오는 것을 보았다. 학생들은 이렇게 땀을 흘릴 때 성취의 기쁨을 맛보게 된다. 청년들은 자립하기를 원한다. 자립할 수 있는 방법을 제시하는 것이 더 유익하다.

♟ 헌금에 대한 바른 자세를 가져야 한다.

확실하게 처음부터 십일조 교육을 시켜야 한다. 청년 대학생들은 돈의 가치를 잘 모르는 경우가 많다. 부모로부터 용돈을 받아 사용하기 때문이다. 그렇기에 더더욱 십일조 교육을 시켜야 한다. 일단 십일조를 하면 하나님께 드렸다는 자부심과 돈을 사용하는데 선한 긴장감을 갖게 된다. 자신의 재정이 줄어들기 때문에 조금이라도 아껴 쓰고자 노력하게 된다.

헌금은 단순히 교회 재정을 위한 것이 아니다. 오늘날은 물질주의 시대이다. 모든 것이 돈의 가치로 환산이 된다. 이러한 시대에 나에게도 턱없이 부족한 용돈을 헌금으로 드린다는 것은 불가능하다. 그럼에도 하나님 앞에 뜻을 정하여 드리는 것은 이 세상의 주인이 물질이 아니라 하나님임을 고백하는 것이다. 이러한 면에서 헌금은 돈이 최고인 세상 속에서 예수님을 향한 신앙고백이다.

감사의 마음 표현을 물질로도 하도록 교육시켜야 한다. 사실 사람은 자신에게 쓴 것은 별로 생각을 못 하지만 헌금을 하거나 다른 사람들에게 베푼 것은 잘 기억한다. 그러다보면 조금 드리고도 많이 드린 것처럼 생각하게 된다. 그런데, 사실상 하나님께 드리는 것은 턱없이 적은 경우가 많다. 그렇기에 냉철하게 자신의 물질 사용 내용을 돌아보게 해야 한다. 물질을 어디에 더 많이 사용하는지 돌아보면서 내가 하나님께 정말 우선적으로, 마음을 다해 가치 있게 드리는지 체크해보게 해야 한다.

감사헌금을 할 수 있는 기회를 많이 주어야 한다. 사람들은 감사한 일이 생길 때 비로소 감사헌금을 한다. 하지만 청년들은 감사한 일이 생겨도 하나님께 감사 표현까지 가지 못하는 경우를 종종 본다. 친구들과 즐거움을 나누고 기뻐하고 끝낸다. 이는 바람직하지 못하다. 나의 삶 속에 동행하시는 하나님의 손길을 늘 의식하도록 지도하고, 감사한 일이 생길 때 하나님께 먼저 감사하며 표현하도록 도와야 한다. 이보다 더욱 좋은 것은 감사제목을 적극적으로 만들어 감사할 수 있게 하는 것이다. 이것은 단지 헌금을 많이 하도록 하기 위해서가 아니다. 적은 액수라도 괜찮다. 감사제목을 많이 찾아내는 것은 그만큼 자신에게 역사하시는 하나님의 은혜의 역사에 민감하다는 것이다. 이렇게 하나님의 동행과 역사에 민감한 사람은 반드시 성장을 하게 된다.

🌷 재정 목표를 세우고 이루고자 해야 한다.

청년들에게 헌금 교육을 시킬 때는 청년공동체 재정 목표를 정해주는 것이 좋다. 그러나 여기서 중요한 점이 있다. 일정한 목표를 정하되 한 사람 당 얼마씩 분담해서 감당하는 방법은 좋지 않다. 가난한 사람들도 최저선 정도는 감당하도록 하는 점은 좋으나 더 감당할 수 있는 사람이 적게 감당하는 좋지 않은 점이 있다. 즉 하향평준화가 되는 것이다. 할당량은 자신의 역량을 극대화하는데 도리어 방해가 되는 것이다. 과부의 두 렙돈에 대해 예수님은 "자신의 전

생할비를 다 넣었나"고 칭찬하였다(눅 21:3-4).[22] 바로 이런 믿음과 정신을 가지도록 헌금훈련을 시켜야만 한다. 가난한 사람일수록 돈에 대한 애착이 강할 수 있는데, 헌금을 통해 이런 돈 문제에서 자유할 수 있도록 가르쳐야만 한다. 헌금은 하나님 앞에서 자유의지를 통한 헌신이지 재정 충당을 위한 공평한 분배의 방식은 아니다.

따라서 목표액을 분담하여 감당하는 모습은 공동체나 개인에게 모두 도움이 되지 않는다. 헌신이 아니라 서로가 적당한 선에서 감당하게 할 뿐이다. 동일한 분담은 자율성을 떨어뜨리는 것이다. 부담이 없으면 헌신이 필요 없고 헌신이 없으면 성장도 없다. 하나님의 은혜는 십자가를 감당할 때 누리게 되는 것이다. 개중에는 종종자신의 상황을 극복하면서 헌금하는 청년이 있다. 바로 이 사람이장차 교회를 이끌어가는 기둥이다. 이런 사람을 눈여겨봐야 한다.

한국 교회는 헌금 종류가 많다고 한다. 그렇기에 조금씩 나눠서하는 경우가 많다. 그러나 청년부는 십일조는 기본으로 하되 다른부분은 한꺼번에 모아서 헌금하며 자기의 한계를 극복하는 훈련을감당해야 한다. 이런 점에서 청년 대학부는 헌금의 종류가 많아서는 안된다. 단순화시킴으로 집중력 있게 해야 한다.

집중력 있게 헌금해야 하는 때가 있다. 교회에서 특별히 구제헌금, 건축헌금, 선교헌금 등을 필요로 하며 강조할 때가 있다. 그때청년공동체도 기간과 목표를 정해 동참하도록 해야 한다. 구제헌금

---

22) 누가복음 21:3-4 이르시되 내가 참으로 너희에게 말하노니 이 가난한 과부가 다른 모든 사람보다 많이 넣었도다. 저들은 그 풍족한 중에서 헌금을 넣었거니와 이 과부는 그 가난한 중에서 자기가 가지고 있는 생활비 전부를 넣었느니라 하시니라.

이 필요할 때 취지를 설명하고 모두가 참여하도록 권면한다. 교회를 건축할 때 수입이 없는 청년이라 해서 뒤로 빠져서는 안된다. 한마음으로 건축에 동참하기로 결단하고, 아르바이트를 하거나 일정한 용돈 지출을 아껴 모아두었다가 헌금을 하게 하여 참여하는 것이 필요하다. 이럴 때 교회의 주인이라는 의식을 갖게 되며, 훗날 장년이 되어서도 헌금에 인색한 자가 되지 않게 된다.

🌷 성경적 재물관을 갖도록 도와야 한다.

청년시절 성경적이며 바른 재물관을 세우는 것은 평생의 복을 누리는 지혜이다. 학생들에게 주는 생활의 기쁨에 대해서 가르쳐야 한다. 재물관 공부는 많이 하면 좋은데, 일반 청년부에서는 이런 강의가 소홀한 경우가 많다. 재물관이 바로 신앙의 시금석이다. 돈이 우상인 지금과 같은 시대에서 돈을 드리지 않는 사람의 신앙을 제대로 평가할 수 없다. 개중에 보면, 봉사나 일은 잘 하지만 헌금은 절대 하지 않는 사람이 있다. 하더라도 마지 못해, 인색하게 하는 사람도 있다. 이런 사람은 나중에 신앙생활에서 어려워지는 것을 본다. 주는 삶이 축복된 삶임을 잘 가르쳐야 한다. 하나님께나 이웃에게 사용하는 물질을 아까워하지 않는 사람이 되어야 한다.

한국교회에서 장년부에게는 헌금을 크게 강조하면서 오히려 청년부의 헌금교육은 소홀히 하는 것을 본다. 헌금을 많이 하도록 하는 것이 잘못된 일인가? 그렇다고 보는 것은 잘못된 시각이다. 헌금은 소중한 것이며 많이 할수록 감사한 것이다. 오히려 문제가 되는 것은 헌금을 하는 과정에서 방법이 잘못되었거나 또는 귀하게 드린 헌금을 잘못 사용하는 데 있다. 하나님의 일을 하는 데는 많은 물질이 필요한 것이 사실이다. 더 많은 일을 하기 위해서는 더 많은 물질이 필요하다. 이때 자신이 드린 헌금이 정말 값지게 사용되는 것을 본다면 기쁨을 느끼면서 더욱 많이 헌금하게 될 것이다. 청년들이 헌금을 하지 않는 것은 헌금교육을 받지 않아서이다. 자신의 물질이 하나님의 일을 위해 가치있게 쓰인다는 사실을 안다면 이들은 자발적인 가난에 동참하며 선교적 삶을 결단하며 헌금할 것이다.

물질의 참된 소유주는 하나님이시다.[23] 우리가 받은 모든 것은 하나님으로부터 왔음을 인정하는 사람이 제대로 된 신앙을 가진 사람이다. 우리는 하나님으로부터 청지기로 세움을 받았으며 이 재물 또한 책임 있게 관리해야 하는 의무가 있음을 인정해야 한다. 마지막 때가 되면 모든 인생들은 주인되시는 하나님 앞에서 결산하게 된다는 사실을 분명히 알아야 한다.[24] 바른 물질관 위에 신앙을 세워가야 한다. 물질은 하나님의 자리를 위협할 정도로 강력한 힘이 있기 때문이다.[25]

---

23) 학개 2:8 은도 내 것이요, 금도 내 것이니라. 만군의 여호와의 말이니라.

24) 마태복음 18:23 그러므로 천국은 그 종들과 결산하려 하던 어떤 임금과 같으니

25) 마태복음 6:24 한 사람이 두 주인을 섬기지 못할 것이니 혹 이를 미워하고 저를 사랑하거나 혹 이를 중히 여기고 저를 경히 여김이라 너희가 하나님과 재물을 겸하여 섬기지 못하느니라.

재정 자립성을 갖게 하라

❶ 지원 받는 것은 수치라는 생각을 가져야 한다
개인적으로도 자립신앙을 가져야 하는 것처럼 청년부 재정
도 자립하고자 해야 한다.

❷ 헌금에 대한 바른 자세를 가져야 한다
감사의 마음을 헌금으로도 표현하는 법을 배워야 한다. 하나
님께 드림의 인색한 사람이 하나님께 쓰임받을리 만무하다.

❸ 재정 목표를 세우고 이루고자 해야 한다
청년부 공동체가 재정목표를 두고 한마음으로 참여할 때 더
크게 역사하는 힘이 일어난다.

❹ 성경적 재물관을 갖도록 도와야 한다
모든 물질이 하나님께로부터 왔기에 귀하며, 사명감을 가지
고 관리해야 하는 책임이 있음을 알아야 한다.

7장

인격훈련을 시켜라

7장. 인격훈련을 시켜라

"우리가 다 하나님의 아들을 믿는 것과 아는 일에 하나가 되어 온전한 사람을 이루어 그리스도의 장성한 분량이 충만한 데까지 이르리니" (엡 4:13)

신앙의 목적은 예수 믿고 구원을 얻어 천국에 가는 것이 아니다. 그것은 하나님의 전적인 은혜 아래 얻어진 선물이다. 하나님의 은혜를 입은 자가 어떻게 살아야 하는지, 그 목적이 신앙의 목적이다. 신앙의 목적은 그리스도를 닮아가는 것, 성화의 삶이다. 예수님이 하나님의 아들 되심을 믿을 뿐만 아니라 삶의 전 영역에서 그리스도를 체험적으로 알아가는 것이 신앙의 즐거움이 되어야 한다. 하나님과의 영화로운 교제를 어떻게 알고 누릴 수 있을까? 그리스도 안에 거할 때만이 누리고 맛볼 수 있다.

성숙한 신앙은 성숙한 인품으로 드러나게 되어 있다. 그리스도를 닮아가는 것이야 말로 최고의 신앙훈련이다. 인격훈련은 그리스도의 향기를 삶 속에서 드러나게 하는 귀한 훈련이다.

🌳 예수님의 생애를 공부하라

거듭남을 체험한 뒤에 인격적 성장을 계속적으로 도모하지 못하고 곧바로 교회 봉사만 하는 경우가 많다. 그래서 교회에서 봉사를 잘하면 신앙이 좋은 것으로 인정받는다. 그러나 중요한 것은 헌신적 봉사가 아니라 '인격의 성장' 이다. 성령의 열매를 맺어야 한다. 어떤 면에서는 복음의 일꾼에게 요구되는 것은 능력보다도 인격이라고 할 수 있다. 인격은 신앙을 담는 그릇으로, 인격이 성숙하지 못한 사람은 성숙한 신앙인으로 성장하기 어렵다. 당연히 하나님께 쓰임받는 것은 더더욱 불가능하다.

하나님께서 쓰셨던 믿음의 사람들은, 한결 같이 신앙훈련과 함께 인격훈련을 받았다. 이를 한 단어로 표현한다면 '신앙인격' 이라 할 수 있겠다. 야곱이 믿음의 조상다운 신앙과 인격을 갖게 하시기 위해 벧엘에서부터 밧단아람, 그리고 얍복강을 지나 다시 벧엘에 오기까지, 하나님은 야곱에게 신앙훈련만 시키신 것이 아니다. 그 신방불 감당할 수 있는 인격 또한 훈련시키신 것이다. '이스라엘'이라는 이름에 합당한 신앙성품을 갖게 하신 것이다.[26]

인격훈련에 있어서 가장 좋은 모델은 예수님이다. 예수님보다 더 인격적으로 훌륭한 분이 또 어디 있겠는가? 그래서 성경공부를 할 때 사복음서를 기본적으로 하는 것이 좋다. 사복음서는 바로 예수님의 생애를 기록한 성경이기 때문이다. 여러 권면과 교리적인 책들도 있지만 사복음서만큼 예수님의 인격에 대하여 잘 공부할 수 있는 성경은 없다. 설교도 마찬가지로 예수님의 인격을 닮도록 하는 설교를 많이 할 필요가 있다.

잘 알다시피 성령의 열매는 곧 인격의 열매이다(갈5;22).[27] 인격의 성장없이 청년사역이 발전될 수 없다. 사람이 변하지 않는데, 숫자가 불어나는 것이 무슨 의미가 있겠는가? 청년사역의 변화는 청년 각 사람의 내면과 인격이 예수님을 닮아가는 과정에서부터 시작된다. 이런 점에서 사역자는 항상 결과만 볼 것이 아니라, 청년들의 생활 속에서 나타나는 인격을 관찰하며 조심스럽게 조언해야 한다. 청년의 인격이 예수님을 닮아갈 때, 청년공동체에 성령의 활발한 역사가 일어난다.

---

26) 창세기 35:9-10 야곱이 밧단아람에서 돌아오매 하나님이 다시 야곱에게 나타나사 그에게 복을 주시고 하나님이 그에게 이르시되 네 이름이 야곱이지마는 네 이름을 다시는 야곱이라 부르지 않겠고 이스라엘이 네 이름이 되리라 하시고 그가 그의 이름을 이스라엘이라 부르시고
27) 갈라디아서 5:22-23 오직 성령의 열매는 사랑과 희락과 화평과 오래 참음과 자비와 양선과 충성과 온유와 절제니 이같은 것을 금지할 법이 없느니라.

♥ 공동생활을 권장하라

공동생활을 하다보면 자신의 약점이 여지없이 드러나게 된다. 자기 자신의 약점을 발견하는 것은 이것을 수정하고 성장할 수 있는 계기가 될 수 있다. 특히나 요즘과 같이 형제가 적은 가정환경에서 자란 학생들은 자신이 어떤 부분에 문제가 있는지, 또 협동이 무엇인지 배울 기회가 많지 않다. 때문에, 오랜 기간 동안 공동생활을 할 수 없다면 짧더라도 일정기간 공동생활에 참여토록 도울 필요가 있다. 장년부는 공동생활을 많이 해도 변화가 쉽지 않은 반면 청년공동체는 공동생활을 하면 쉽게 변화가 된다. 동고동락(同苦同樂) 하면서 단점을 고치고 훌륭한 점을 따라하게 된다. 예수님도 제자들과 오랜 시간동안 공동생활을 하지 않으셨는가? 제자들은 예수님과의 공동생활을 통해서 예수님을 닮아가는 사도가 되었다.

요즘은 청년들이 개성있는 성격을 추구하는 경향이 있다. 이것은 개인적인 생활에서 큰 문제는 아니지만 사회생활에서는 간혹 "사회 부적응"이라는 문제로 나타난다. 다른 사람과 관계를 맺지 못하는 인격적인 결함을 자신만의 독특한 개성으로 치부하고 넘어갈 때가 많다. 이 문제를 청년의 때에 극복하지 못한다면 자칫 일생동안 사회에서 루저(loser)가 되어 소외받는 자가 될 수 있다. 이런 인격적인 결함의 문제는 공동생활을 통해서 해결될 수 있다. 성격이 거칠고 개성이 강할수록 다른 사람과 마찰을 피할 수 없다. 하지만 이런 갈등을 통해서 자신을 발견하고 또 남을 이해하고 배려하는 마음을 갖는다. 바로 여기에서 인격적인 변화가 일어난다.

공동체 안에서 사역하기 청년들을 예수님을 닮는 인격자로 성장시키기를 원한다면 도덕적인 교훈만을 강조할 것이 아니라 공동체 모임과 생활을 할 수 있는 프로그램을 만들어야 한다. 함께 있는 것을 즐거워할 수만 있어도 그 사람의 인격이 변화하고 내면의 상처가 치료된다. 많은 청년들이 선교단체와 교회 모임에 열심을 내는 것은 그곳의 프로그램이 특별해서가 아니라 그곳에 있는 리더와 형제자매들이 좋기 때문이다. 예수님은 제자들에게 제자의 목표는 "서로 사랑하는 것에 있다"라고 말씀하셨다(요 13:34-35). 제자의 첫 걸음은 복음을 전파하는 데에 있는 것이 아니라 서로의 약점을 감싸주고 위로하는 "서로 사랑"에 있다. 이것은 공동생활을 통해서 체험할 수 있다. 청년사역에 있어서 공동생활은 필수적이다. 종종 MT와 수련회를 가져서 서로를 섬기고 사랑하는 기회를 만들라.

🌷 일을 잘하는 사람보다 인격적으로 훌륭한 사람을 인정하라

어느 공동체든지 은사가 많고 일을 잘하는 사람이 있기 마련이다. 이런 사람들은 항상 다른 이들보다 튀고 주목을 받게 된다. 일을 잘하기 때문에 여러 사람들로부터 칭찬도 많이 받게 된다. 그러나 사역자는 이렇게 일을 잘하는 사람보다 인격적으로 훌륭한 사람을 더 인정해 주는 자세를 가져야 한다.

한번은 대학부에 찬양을 인도하던 형제가 졸업하자 찬양팀을 맡을 리더가 없었다. 그나마 찬양의 은사가 있는 형제가 있긴 했지만 아직 공동체에서 신앙인격적으로 본이 되는 형제는 되지 못했다. 그럼에도 마땅한 카드가 없어서 은사를 귀히 여기고 찬양팀 리더 직분을 맡겼다. 처음에는 찬양을 잘하며 즐겁게 감당하였고 많은 사람들에게 칭찬도 받게 되었다. 2개월 정도 무난하게 잘 해냈다. 그런데 일이 터졌다. 누군가 그 형제의 찬양인도하는 스타일에 불만을 표하는 말을 듣게 된 것이다. 그 형제는 "그럼 네가 해봐라!" 하며 교회를 떠나 버렸다. 이런 때 사역자는 매우 당황스럽게 된다. 리더들이 난감해하고 있을 때, 리더 중 한 형제가 자신이 어떻게든 찬양인도를 해보겠다고 했다. 기타도 칠 줄 모르고 말도 세련되게 못하지만 누군가 해야 하기에, 자신이 십자가를 지겠다고 했다. 그런데, 놀라운 현상이 벌어졌다. 이 형제는 찬양시간에 많은 멘트를 하지 않았다. 그저 준비한 찬양들을 진심으로 찬양했고, 정성껏 기도했으며, 온화한 미소로 그 시간을 이끌고 나갔다. 청년들은 이 리더의 찬양 소리를 따라 간 것이 아니라, 평소에 보여주던 신실한 신앙인격을 보면서 따라가고 있었던 것이다.

많은 경우 일을 잘 하는 사람은 다른 이들이 자기처럼 일을 잘 해내지 못하기 때문에 상처를 주는 말을 하는 경우가 많다. 그로 인해 상대적인 박탈감을 가지는 사람들이 생기게 된다. 그러나 인격적으로 훌륭한 사람들은 오히려 주변에 상처 받은 사람들을 싸매주고 공동체가 원활하게 돌아갈 수 있도록 보이지 않는 곳에서 수고하곤 한다. 청년부 사역은 많은 일을 하는 것을 목표로 할 것이 아니라 예수님을 닮은 제자들을 많이 배출하는 데에 더 중요한 목표를 가져아 피나, 그렇다면 딩신이 어떤 기림을 녀 인성하고 세워주어야 할지 분명해진다.

💜 성실하고 섬기는 사람을 존중하라

위와 같은 맥락에서 이해할 수 있을 것이다. 공동체에서 존중받아야 하는 이는 성실하고 섬김을 다하는 사람이어야 한다. 오랫동안 안 나왔다가 다시 돌아온 사람도 물론 소중하지만 끊임없이 자신에게 주어진 일을 묵묵히 감당해온 사람은 더욱 소중하다. 또 앞에 나서서 리더십을 발휘하며 일을 만들어 나가는 사람도 중요하지만, 이름도 없이 빛도 없이 보이지 않는 곳에서 섬기는 종의 인격을 가진 사람은 더욱 소중하다. 이런 헌신된 사람이 없이는 공동체가 유지되기 힘들기 때문이다.

다시 비행기의 예(p76)를 들어보자. 조종사와 승무원은 눈에 띄게 그들의 일을 감당하지만 사실 그들의 비행은 보이지 않는 곳에서 기름때를 만지며 비행기의 구석구석을 정비하는 이들의 수고가 없이는 불가능한 것이다. 여기서 이야기하고자 하는 것은 누가 더 우월하고 열등하다는 것이 아니다. 모두가 소중하다. 다만 사역자의 입장에서 보면 성실하고 섬기는 사람에게는 '상대적'으로 손이 덜 가게 된다는 사실을 말하고 싶은 것이다. 그렇기에 애써서 더욱 그들을 존중할 필요가 있는 것이다.

💙 개인 생활의 균형을 중요하게 여기도록 하라

청년들은 지성과 함께 감성이 발달해 있다고 이야기했다. 청년들은 감정적으로 순수하고 열정이 있기 때문에 어떤 것에 집중을 하게 되면 다른 것들은 돌아보지 않고 그것에 몰두하는 특성을 가진다. 신앙생활도 마찬가지다. 교회나 선교단체의 사역을 통해 깊이 예수님을 만나고 변화가 되면 그것이 너무나 소중해 학과나 가정, 친구관계를 등한시 하는 경향이 있다. 그렇게 되면 당장에는 사역에 도움이 되는 듯 보인다. 적극적으로 헌신하고 신앙의 성장도 눈에 띄게 확연히 드러나기 때문이다. 그러나 이것은 바람직하지 못하다.

사역자는 학생들이 균형잡힌 생활을 할 수 있도록 도와주어야 한다. 시간관리 면에서, 인간관계 면에서 그가 전인적으로 성장할 수 있도록 도와야 한다. 만약 그가 교회와 선교단체에 몰두하여 모든 관계가 단절되었다고 하자. 그는 세상의 빛과 소금이 되어야 할 텐데 과연 그는 어디에서 그의 영향력을 나타낼 수 있을 것인가? 따라서 그가 변화되고 성장할수록 더욱 개인생활을 귀중하게 생각하도록 도와야 한다. 불필요하게 교회나 선교단체에 늦게까지 남아 비효율적으로 시간을 사용하고 있다면 권면을 해서 일상생활에 충실하도록 해야 한다.

믹교, 가정과 긴밀한 관계를 갖도록 하라

예수님은 승천하시면서 사도들에게 "오직 성령이 너희에게 임하시면 너희가 권능을 받고 예루살렘과 온 유대와 사마리아와 땅 끝까지 이르러 내 증인이 되리라 하시니라(행 1:8)"는 지상명령을 주셨다. 세계선교는 사도들이 지금 있는 예루살렘에서부터 시작하라는 의미이다. 그러면서 점차 주변의 이웃과 사마리아 그리고 땅 끝까지 점진적으로 선교를 확대하라는 말씀이다.

하나님 나라 운동은 점진적인 확대 운동이다. 청년사역 또한 자기가 속한 곳에서부터 당장 시작해야 한다. 대학생에게 있어서 가장 대표적인 곳은 학교와 가정이다. 이곳은 그들의 일상이면서 또한 사역지이기도 하다. 자신의 학과나 가정에서 전도를 하지 않으면서 다른 곳에서 전도를 한다는 것은 이치에 맞지 않는다. 그렇게 영향력을 미치기 위해서는 구성원들과 아주 긴밀한 관계를 맺어야 한다. 많은 경우 한 사람의 바람직하지 못한 모델을 통해 공동체 전체가 욕을 먹기도 한다. 따라서 신앙생활은 일상생활권에서부터 영향력 있게 이루어져야 한다.

목자노트 7

인격훈련을 시켜라

❶ 예수님의 생애를 공부하라
사복음서를 공부하며 예수님 닮은 신앙 인격을 가르치라.

❷ 공동생활을 권장하라
개인주의 신앙에서 벗어나 '서로 사랑' 을 온 몸으로 배우게 된다.

❸ 일을 잘하는 사람보다 인격적으로 훌륭한 사람을 인정하라
인격적으로 성숙한 사람이 일도 잘한다. 일꾼으로서 신앙인격을 훈련시켜라.

❹ 성실하고 섬기는 사람을 존중하라
공동체에서는 보이지 않게 은밀히 섬기는 사람이 더 귀하다. 그들의 수고를 알아주고 인정해주자.

❺ 개인 생활의 균형을 중요하게 여기도록 하라
교회에 오래 머물게 하려 하지 말고 개인 생활의 영역에서도 건강하고 균형잡힌 삶을 영위할 수 있도록 돕자.

❻ 학교, 가정과 긴밀한 관계를 갖도록 하라
대학생들이 일차적으로 선교해야 하는 영역은 가정이요, 캠퍼스이다. 선교적인 마인드로 다가가는 자세도 갖게 하자

8장

공부하는 청년 대학생으로 만들라

8장. 공부하는 청년 대학생으로 만들라

젊은 대학생들은 정말 조급하다. 너무 조급해서 불안해한다. 자신은 준비되지도 못한 상태이면서도 서둘러 세상 속으로 뛰어들고 싶어한다. 전장에서 잔뼈가 굵은 베테랑 병사들은 전선으로 배치된 이런 신참들을 보면 "그런 준비되지 못한 조급함은 전장에서 총알받이밖에 되지 못 한다"라고 지적한다. 그렇다. 청년의 시기는 인생의 중후반에 반드시 다가올 기회를 노려보며 칼을 갈며 준비해야 하는 시기다. 진검을 소유하고자 하며 내공을 길러 출세(出世)의 때를 기다려야 한다.

우마 서먼(Uma Thurman)이 주연하고 쿠엔틴 타란티노(Quentin Tarantino)가 감독한 영화 '킬 빌(Kill Bill)'은 잔인한 복수극 시리즈

영화다. 주인공 '더 브라이드'는 자신의 행복을 망친 원수들을 찾아가 복수를 하는데, 원수를 갚으러 가기 전 먼저 일본 검의 명인 핫토리 한조를 찾아가 명검을 얻고, 그 후 야쿠자의 두목 오렌이시이와 일전을 펼쳐 원수를 갚게 된다. 오렌이시이는 죽으면서 "과연 핫토리 한조군!"이라며 인정하는데, 약간 웃기는 장면일 수도 있지만 그 장면이 말하고자 하는 내용은 결국, 명검은 실력이 비슷한 경우 빛을 드러낸다는 점이다.

그렇다면 청년 대학시절 진검을 만들어 가는 과정은 어떤 것들이 있을까?

🌷 학생 본분에 충실 하는 것이 성경적이다

기독 학생사역을 하면서 범하기 쉬운 실수 중 하나는, 믿음만이 중요하고 세상의 것은 필요없다고 생각하는 이원론적 생각이다. 즉, 신앙과 삶을 분리하는 믿음을 말한다. 신앙과 삶은 결코 분리될 수 없다. 그럼에도 불구하고 신앙과 삶은 같다고 말하는 사람 중에도 실제로는 이 둘을 분리하여 생활하는 경우가 많다. 왜 이런 현상이 나타날까? 그것은 바로 현실에 대한 부정적인 인식 속에서 실제적인 삶을 외면하기 때문이다. 삶보다 신앙만을 추구하는 학생들은 초기에는 신앙에 매진하기에 훌륭해 보이지만, 졸업 후 사회에서 살아가는 모습을 보면 낙오된 사람처럼 사는 경우를 많이 보게 된다. 궁극적이고 장기적으로 하나님께 영광을 돌리는 사람이 누구인

...가를 생각해 보아야 한다. 하나님께서 원하는 사람은 신앙과 함께 삶 속에서 충실하게 사는 사람이다. '교회 열등생이 사회의 우등생이 된다' 라는 말이 나오면 안된다. 교회에서의 우등생이 사회에서도 우등생이 되도록 해야 한다. 그렇다면 대학생의 힘이 어디에서 나오는가? 기본적으로 학업을 충실히 감당할 때이다. 그러므로 '한 손에는 성경을, 한 손에는 전공 책을' 들어야 한다. 신앙과 삶이 균형을 잘 잡도록 도와야 한다.

왜 교회에서는 신앙과 삶을 균형 있게 가르치지 못하는가? 이것은 신앙훈련을 시키기에도 시간이 부족하기 때문이다. 또 사역자의 입장에서 볼 때 그것이 사역을 해나가는데 있어서 더 편리하기 때문이다. 하지만 그것은 올바른 방법이 아니다. 그러므로 리더는 공동체적으로 공부할 수 있는 분위기를 만들어주고, 신앙생활만 잘하는 사람이 아닌 신앙과 학업을 충실히 감당하는 사람을 인정해주는 것이 더욱 필요하다. 만일 공부를 외면한 채 신앙적인 일에만 열심을 내는 경우, 반드시 어느 순간에 부진한 성적으로 영적시험에 들어버린다. 신앙생활을 한다고 해서 반드시 공부를 잘할 수는 없지만 그래도 후회 없이 최선을 다해 학업에 충실할 수 있도록 도와야 한다. 이것이 책임 있는 사역자의 본분이다.

하지만 리더는 대학청년들이 신앙훈련과 공부가 똑같이 균형을 맞추기는 쉽지 않다는 것을 알아야 한다. 대학에 들어와 신앙의 기초를 쌓는 초기에는 신앙훈련에 우선권을 두는 것이 필요하다. 그리고 신앙이 확실히 서게 되면 학업과도 균형을 갖게 해야 한다. 신앙과 공부가 똑같은 것은 아니라는 사실을 알아야 한다. 신앙이 견고히 섰다면 공부도 열심히 해야 함을 강조하는 것이다. 이처럼 견고한 신앙 위에 균형잡힌 학업을 감당하는 것은 중요하다.

이런 원리는 학생의 신분 이후에도 마찬가지이다. 신앙에 충실한 사람은 자기의 삶에도 충실하게 된다. 교회생활만 열심히 하면서 가정을 소홀히 한다면 그 신앙은 바람직하지 않다. 또 직장에서는 열심히 일하면서 교회에서는 소홀히 한다면 그 사람도 이원론적 신앙의 소유자이다. 따라서 견고한 바른 신앙의 터 위에 자신의 삶에 충실한 모습을 가지도록 노력해야 한다.

💗 공부하는 분위기를 만들라

첫째, 도서관 자리 잡기

선후배가 서로 도서관에서 만나기를 약속하면서 아침에 일찍 오기 힘들어하는 후배가 있다면 자리를 한두 번 잡아주면서 애정을 가지고 후배가 좋은 공부 습관을 가지도록 도울 필요가 있다. 이로써 신앙훈련 덕분에 더욱 공부에 매진할 수 있도록 도와주어야 한다. 자칫 신앙훈련은 학교 공부를 소홀히 하게 함으로써 그에 대한 회의감을 가져올 수 있다. 이것을 극복하기 위해서는 평소에 신앙훈련과 함께 열심히 공부할 수 있도록 도와야 한다.

둘째, 장학금 타기 캠페인

사실 장학금은 아무나 탈 수 있는 것은 아니다. 그렇기에 공부를

께 나눠 사람에게 써 줄을 구어야 한다. 호기에 장학금을 받은 사람들이 돈을 모아 '장학금 섬김 파티'를 여는 것이다. 이런 파티는 서로에게 자극을 주어 서로 섬기고 싶은 마음을 가지게 할 것이다. 실제로 한 대학에서는 학생들이 장학금의 1/10을 헌금하고, 또 다른 1/10로 회원들을 대상으로 파티를 열어주었고, 이것이 도전이 되어 회원 40여 명 중 30명 이상이 장학금을 받는 일이 일어났다.

셋째, 스터디그룹 운영(영어, 전공, 취직 등)

사실 스터디 그룹의 효과는 생각만큼 높지 않다. 하지만 공부하는 습관을 형성하는 데에는 좋은 영향을 줄 수 있다. 성실한 사람과 같이 스터디를 하다보면 공부의 습관이 형성되고 결과적으로 좋은 열매를 맺게 되어 있다. 대학의 학점은 성실도의 평가이기 때문이다.

💗 3학년부터 진로를 정하도록 도우라

대학 입학 때부터 진로 고민을 하게 할 필요는 있다. 현재 한국 청년들의 최대 고민은 어떻게 직업을 얻을 수 있느냐 하는 것이다. 신앙훈련을 하면서 관심을 가져야 할 것은 '하나님께서 내 인생을 통해서 어떻게 영광을 받으시고자 하시는가'이다. 이것은 세상에서의 삶의 중심인 직업과 깊은 관계가 있다. 단순히 생계 해결만을 위한 직장을 구하기보다는 이 땅에서 하나님의 뜻을 성취하는 직장을 구해야 한다. 이를 위해 기도하면서 내 인생에 두신 하나님의 뜻을 발견하는 것이 중요하다.

가능하면 3학년 때 내 인생에 두신 하나님의 뜻을 발견할 수 있도록 도전하면 좋겠다. 뜻을 세웠지만 막상 공부하기가 쉽지 않은 사람은 '나의 비전 선언문'을 마련할 필요가 있다. 이것을 잘 보이는 곳에 붙여놓고 자주 읽으면서 공부에 도전을 받아야 한다. 하나님이 나에게 그 직업의 꿈을 주신 것은 이것을 하나님께서 반드시 성취해 주신다는 약속도 함께 주신 것이다. 낙심치 않고 공부할 때, 하나님께서 지혜를 주시며 능력을 주셔서 때가 되면 열매를 맺게 하신다. 그러므로 청년은 주 안에서 뜻을 세우고 믿음으로 도전해야 한다.

이를 위해서 사역자의 마음가짐이 중요하다. 리더는 청년을 내 교회 사람으로만 만들려고 하기보다는 이 청년의 미래를 소중히 여기며 책임감을 가지고 도와야 한다. 교회와 공동체에 충성하다가 자신의 미래를 잃어버리게 하는 것은 사역자의 심각한 잘못이다. 사역자는 청년을 자기 자녀와 형제로 여기고 이들의 삶을 안전한 길로 인도하는 목자가 되어야 한다.

♥ 선배들과의 교류를 활성화 하라

학생때, 선배들과의 교류는 참으로 중요하다. 공부를 강조해도 한시적으로 끝날 때가 많다. 그런데 그 분야에서 어느 정도 위치에

므로 신배를 초청하여 상이를 듣는다든지 가족을 돌나보면 도전을 받게 된다. 또한 계속적인 도움을 받을 수도 있다. 사역은 혼자 하는 것이 아니라 주위의 동역자들과 함께하는 것이다. 돕는 자가 많을 때, 사역은 더욱 풍성하게 활성화된다.

공동체 안에서 모범이 되는 졸업생들과의 교제는 학생들에게 미래의 자신의 모습을 그리는 중요한 기회가 된다. 따라서 선배들과의 교류 프로그램을 활성화시킬 필요가 있다. 이를 위해 예배 2부 순서, 수련회 선택식 강의 등으로 꾸준한 접촉점을 가질 필요가 있다.

♥ 현재 하고 있는 공부를 졸업 후 비전과 연관시켜라

사실 목표를 정하지 않은 상태에서는 노력하기도 힘들다. 운동선수들은 올림픽 금메달이나 최고의 선수라는 목표를 가지고 있기에 자신을 쳐서 복종시키며 스스로 훈련에 임한다. 따라서 지금 자신이 하고 있는 공부를 자신의 졸업 후 비전과 연관을 시키면 동기부여에 좀더 효과적이다. 이러한 동기부여도 사역자의 중요한 역할 중의 하나이다. 요즘의 대학 생활은 극과 극을 달리는 듯하다. 어떤 이는 공부를 포기하면서 유흥을 즐기고, 어떤 이는 대학에 입학하는 그날부터 취업에 혈안이 되어 도서관을 지킨다. 그 어느 것도 바람직한 것은 아니다. 따라서 사역자는 학생의 현재 상태가 어떤지 파악하고 적절하게 조율하고 안내할 필요가 있다.

8장 공부하는 청년 대학생으로 만들라

🌷 공부가 아니라 교양을 위해 책을 읽어라

요즘은 신간 서적이 나오면 인터넷 서비스를 통해 그 책에 대한 요약 정보를 볼 수 있다. 정보의 홍수라고 불리는 정보화 시대가 되어 방랑하는 책들 가운데 그런 서비스가 더욱 현대인에게 파고드는 듯하다. 베스트셀러를 읽지 않으면 대화가 통하지 않고, 최고의 시청률을 자랑하는 TV 프로그램을 보지 않으면 대화에 끼지도 못하는 시대이다. 그래서 더욱 책 읽기에 대한 도전을 받게 된다. 그러나 그런 마음으로 책을 읽으면 책 읽기는 곤혹스럽고 마치 중·고등학교 시절 시험공부와 같은 느낌을 받게 된다. 그렇게라도 읽는 것이 읽지 않는 것보다는 낫겠지만, 지성인이라면 책 읽기가 즐거움이 되어야 하지 않을까?

사람들은 교양이 풍부한 사람에게 호감을 느끼게 된다. 요즘처럼 전문지식이 강조되는 사회에서도 넓은 교양은 언제나 높은 점수를 받게 된다. 중, 고등학교 시절 시험공부를 위해 주제, 단락구분, 단어 뜻을 열심히 찾았다고 해서 그것이 교양이 될 수는 없다. 교양을 위한 책 읽기에 좀더 애정을 갖도록 도우라.

그러기 위해서는 사역자가 그런 모범을 보여주는 것이 중요하다. 시간이 날 때마다 책가방에서 책을 꺼내 읽어보라. 고전의 깊은 맛에 빠져 보라. 많은 신앙의 위인들의 전기를 통해 그들의 삶으로 들어가 보라. 현재 문화의 트렌드(Trend)가 무엇인지 관심을 가져 보라. 학생이 캠퍼스에서 사역자와 만날 약속 장소에 도착했을 때 한 권의 책에 심취해 있는 사역자의 모습을 바라본다고 생각해 보라.

그러고 그 사내(?)가 그 책을 나 인고 학생에게 책을 건네는 모습을 그려보라.

💝 기독 지성을 위해 글쓰기를 훈련시켜라

요즘은 논술을 대비하기 위해 어려서부터 교육을 받는 경우가 많다. 그러나 이런 논술교육의 폐해는 모두 정답만을 찾기에 급급한 데 있다. 자신의 의견을 피력하고 설득할 수 있는 논설문은 잘 쓰겠지만, 자신의 감정을 표현하는 산문은 오히려 쓰기를 기피하는 것이다. 정형화된 교육은 정형화된 사람을 만든다.

대학을 졸업했다고 해서 다 지성인은 아니다. 지성인은 많은 지식을 가진 사람이 아니라 그 지식을 사용할 수 있고, 전할 수 있고, 또 기록할 수 있는 지혜의 사람이다. 이를 위해서 글쓰기를 훈련시켜라. 성경은 모든 문학의 집합체이면서도 사람을 변화시킬 능력의 말씀이다. 말씀을 읽은 후 깊이 묵상하고 그 말씀을 통해 깨달은 은혜를 글로 남기도록 가르치라. 힘들고 괴로워하는 형제를 위로하기 위해 편지를 쓰도록 하라. 그릇된 삶을 사는 형제를 위한 훈계의 글을 쓰도록 하라. 이런 훈련은 하루아침에 이루어지는 것은 아니다. 대학 시절동안 꾸준히 훈련해야 한다. 청년의 날에 맹렬한 글쓰기는 후에 자신이 지난날에 어떤 사람이었는가를 알 수 있게 해준다. 글쓰기 노트가 쌓이면 그것은 자신의 신앙 이력서가 된다. 가능한 일찍 글쓰기를 시도하라. 일찍 시작하면 할수록 자신에게 베푸신 하나님의 은혜의 기록이 많아질 것이다.

한 형제가 졸업 후에 신문사에 인턴사원으로 취업하게 되었다. 그는 지방대학출신이었고, 성적도 그다지 좋은 편이 아니었다. 친척의 소개로 이 신문사에 들어갔을 뿐이다. 그는 선교단체에서 훈련받은 대로 다른 사람보다 일찍 출근해서 청소부터 시작했다. 그리고 훈련차원에서 몇 차례 원고를 쓰기도 했다. 이후 4명의 인턴기자 중에서 2명이 선발되었는데, 이 형제가 여기에 선발되었다. 결코 아는 사람의 힘(?)에 의한 것이 아니었다. 왜냐하면 그는 이후에도 중요한 직책으로 계속 승진했기 때문이다. 신문사에서 그를 주시한 것은 남다른 글쓰기 능력 때문이었다. 그는 선교단체에 있을 때 거의 매일 경건의 시간을 가지고 말씀 묵상하며 소감을 썼다. 하나님 말씀 앞에서 자신을 돌아보며, 삶을 새롭게 하였다. 이 훈련 속에서 그는 하나님의 눈으로 세상을 보는 창조적인 관점을 형성할 수 있었다. 이 관점은 신문사에게 신선한 충격이었다. 그래서 그를 보배처럼 여기지 않을 수 없었다.

요즘 청년들은 많은 지식을 가지고 있지만 글을 쓰는 능력은 형편이 없다. 문장구성능력은 커녕 맞춤법조차 제대로 지켜 쓰지 못한다. 이런 시대에 관심을 가지고 글을 꾸준히 쓰는 것은 아주 중요하다. 글이야말로 지성을 빛나게 하는 능력이다. 화가가 마음을 담은 그림을, 그리고 작곡가가 자신의 내면을 표현하는 음률을 나타내는 것처럼, 자신의 감정과 생각을 잘 담아내는 글쓰기는 그 사람으로 세상을 이기는 탁월한 리더가 되게 한다.

공부하는 청년 대학생으로 만들라

❶ 학생본분에 충실하는 것이 성경적이다

❷ 공부하는 분위기를 만들라

❸ 3학년부터 진로를 정하도록 도우라

❹ 선배들과의 교류를 활성화 하라

❺ 현재 하고 있는 공부를 졸업 후 비전과 연관시켜라

❻ 공부가 아니라 교양을 위해 책을 읽으라

❼ 기독 지성을 위해 글쓰기를 훈련시켜라

9장
Workshop(실습)을 시켜라

9장. Workshop(실습)을 시켜라

"내가 주와 또는 선생이 되어 너희 발을 씻었으니 너희도 서로 발을 씻어 주는 것이 옳으니라 내가 너희에게 행한 것 같이 너희도 행하게 하려 하여 본을 보였노라" (요 13:14-15)

예수님은 제자들에게 '섬김'을 강론하고 마치지 않으셨다. 직접 섬김의 모습을 보여주시면서 '너희도 행하게 하려' 하였다고 말씀하셨다. 행함으로 드러나지 않는다면 그 사람의 지식은 진짜가 아니다. 주님을 알고 닮아가는 성숙한 신앙이 되게 하기 위해서는 반드시 '실천'하도록 도와야 한다.

💜 가르치는 것이 배우는 것이다

내가 가르치고자 할 때 주인의식이 생기며, 가르치고 있을 때 더 많은 부분을 깨닫게 된다. 청년부가 사역에 실패하는 이유중에 하나는 듣고 필기만 하기 때문이다. 내가 배운 것을 바로 활용할 수 있도록 해야 한다. 그럴 경우 교육이 다양화되며, 직접 체험을 하므로 배운것이 자기의 것이 되고 잃어버리지 않게 된다. 또한 아주 강력한 학습효과를 가지게 된다. 즉, 체험신앙을 가지게 되는 것이다.

예를 들어, "예수님은 사랑이시다(요일 4:8)"라는 가르침은 실제로 팔을 걷어 붙이고 궂은일을 마다하지 않으며 후배들을 섬길 때 그 의미를 깨닫게 된다. 스스로 부딪치고 깨닫는 것이 앉아서 배우는 것보다 훨씬 더 유익하다. 이런 체험은 확실한 신앙으로 발전한다. 손발을 움직여 자발적으로 참여하는 것만큼 교육 효과가 큰 것은 없다. 사실 사역자에게는 다른 사람에게 맡기는 것보다 본인이 홀로 하는 것이 더 쉽고 빠르다. 맘편히 더 확실하게 일처리를 할 수 있다. 다른 사람을 통해서 일을 하는 것처럼 어려운 것이 없다. 그러나 복음 사역은 이렇게 해야 한다. 다른 사람을 움직이게 해야 한다. 그래야 변화와 성장의 역사가 일어나는 것이다.

이를 위해서 제자양성이 필요하다. 사역자가 홀로 모든 이를 다 가르치는 것은 옳지 않다. 제자양성은 처음 한 사람(팀)을 철저하게 훈련시키는 것이 무엇보다 중요하다. 많이 하는 것보다도 더 중요한 것은 '제대로(철저히)' 교육시키는 것이다. 사역이 성장하지 못하는 것은 '제대로' 교육시키지 못하기 때문이요, '꾸준하게' 교육

시기기 못하기 때문이다. '제대로' 교육시킨다는 것은 제자를 양성하여 그가 또 다른 제자를 양성하도록 돕는 것을 의미한다. 청년부는 이것이 가능하다. 지식수준과 생활형편이 비슷하기 때문이다. 이 방식을 반복적으로 실습할 때 효과가 나타나는 것이다. 혹시 잘못 가르칠까 염려가 되는가? 그렇기에 사역자가 있는 것이다. 사역자가 청년들을 살피고 오류를 잡아줄 수 있기 때문에 염려할 필요가 없다.

사람은 자기가 직접 참여할 때 은혜를 받는다. 사역자 본인이 아닌 아직 미숙한 제자가 책임을 맡아 동역할 때 대부분은 당장에 결과가 적은 것처럼 보일 수 있다. 그러나 사역자 혼자서 하는 것보다 제자와 함께 동역할 때 시간이 지나면서 더 많은 열매를 맺게 된다. 양육은 눈물이 스며들어야 한다. 최근에는 대형집회 차원의 교육을 자제하고 있다. 효과가 별로 없다는 것이 역사적으로 입증되었기 때문이다. 지속적으로 성장하고 있는 교회를 보면 소그룹 훈련을 통해서 성도들이 자발적으로 움직이고 있음을 볼 수 있다.

💐 모든 교육을 같이하라

청년들은 자신들과 함께 땀 흘리는 리더를 좋아한다. 운동도 같이하고 밤새며 노는 것도 같이하고 싶어한다. 청년들이 사역자에게서 동지애를 느끼기 시작하면 청년사역은 쉽다. 모든 프로그램을 함께하라. 말로만 가르치고 뒤로 물러서 있으면 안된다. 그중 꼭 함께하기를 바라는 몇 가지 교육을 추천한다.

첫째, 전도폭발훈련

교회에서는 다른 사람을 전도하라고는 하지만 전도의 방법을 가르치지는 않는다. 전도를 하러 나가기 전에 어느 정도의 훈련이 필요하다. '전도폭발훈련(EET)'은 전도의 유형을 체계적으로 가르쳐준다. 전도할 내용을 암기하고 서로 짝을 지어 실습을 하다보면 전도에 대한 자신감을 갖게 된다. 하지만 실제적으로 전도가 생각만큼 간단하지 않다. 전도를 홀로 하려고 하지 말라. 이단들을 보라. 그들은 항상 둘씩 짝을 지어 돌아다닌다. 사역자와 학생리더가 같이 전도하러 다니도록 하라. 먼저, 사역자가 전도하는 방법을 몸으로 보여주고 그 다음으로 학생리더가 직접 주도권을 가지고 해보도록 기회를 제공한다. 또한 그 다음에는 이 리더와 다른 리더가 한 팀이 되어 전도를 하도록 하는 것이다. 이런 점에서 전도는 열정이 아니라 훈련으로 된다. 이 훈련이 익숙해지면 이제 전도자가 되어 복음을 전하는 것이 자연스러워진다.

둘째, 성경공부

리더들과 미리 성경공부를 하라. 그리고 팀별 성경공부 인도는 리더들에게 위임하라. 사역자는 조력자로서 그곳에 동참하라. 잘 굴러갈 수 있도록 윤활유 역할을 해주라. 대신 말을 많이 하지 말라. 때때로 조력자가 팀 인도자보다 더 이야기를 많이 하는 경우가 있는데 이것은 다른 팀원들로 하여금 팀 인도자에 대한 신뢰감을는 팀 인도자가 팀의 주도권을 가질 수 있도록 돕고 최종적으로 핵심만 정리해 주도록 하라. 대부분 팀 인도자는 부담감을 느끼고 성경을 더욱 열심히 준비하여 가르치려고 할 것이다. 사역자가 팀에 함께 참여할 때 부족한 부분을 감당해 줄 것을 믿기에 인도자는 부담감이 줄어들 수 있다. 그러나 팀 인도자와 사역자가 서로를 인격적으로 신뢰하지 못한다면 팀이 갈등구조로 갈 수 있으니 이 점은 조심해야 한다.

셋째, 심방

심방은 꼭 같이 가야 한다. 심방의 유익은 심방을 받는 대상에게만 있는 것이 아니다. 심방 과정의 유익이 더 크기 때문이다. 사역자는 학생과 함께 심방 갈 때 매우 효과적이다. 이 심방 실습의 유익은 함께 심방을 가는 중간 리더를 훈련시킨다는 것이다. 심방을 가는 동안 사역자는 학생리더와 함께 영적인 이야기를 나눌 수 있다. 엠마오로 가는 제자와 동행하셨던 예수님처럼 말이다. 평소에 대화를 같이 못했던 지체나 카운슬링이 필요한 지체와 동행하도록 하라. 동행하는 길 동안 진지하게 영적인 대화를 나누도록 하라. 이 시간은 기대 이상으로 큰 효과를 발휘한다.

심방 대상자가 많을 때는 사역자 혼자서 다하려 해서는 안된다. 분담해서 가게 해야 한다. 처음에는 잘 안 가려고 할 것이다. 그렇지만 계속 권면하고 그로 하여금 양떼를 바라보는 목자의 심정을 가질 수 있도록 도우라. 심방을 통한 열매를 체험할 때 그는 제자의 단계를 뛰어 넘어 사역의 동역자가 된다.

💗 실습을 시켜라

바쁜 현대사회에서 별도의 실습의 시간을 가지기는 쉽지 않다. 청년부를 운영하면서 학생들이 배운 내용을 실제적으로 활용할 수 있도록 해야 한다. 초기에는 능력이 떨어지고 효과가 떨어진다 해도 결국에는 사람이 남게 되고 공동체가 성장하게 된다. 이를 위해서는 다음 두 가지가 필요할 것이다.

첫째, 실습할 수 있는 자료 만들기(성경공부 노트 등)
공부를 하면서 자신만의 성경공부 노트를 만들도록 해야 한다. 물론 다른 사람을 가르치기 전에는 성경공부 노트 등이 미리 마련되어 있어야 한다. 철저한 준비가 리더를 만들고 또 제자를 양성한다.

둘째, 반복하여 연습시켜라
반복적으로 많은 실습을 시키는 것이 중요하다. 성경을 배웠다면 바로 성경공부를 가르칠 수 있도록 하라. 1학년 때 성경을 배웠다면 2학년 때부터 1학년을 대상으로 실습하게 한다. 다른 이들이 가르쳐준 지식도 중요하지만 자신이 직접 가르치면서 배운 지식과 은혜가 더욱 오래 남는다는 사실을 기억해야 한다.

🌷 사례발표를 시켜라

사역자는 제자들로 하여금 자신이 체험한 은혜와 교육 방법을 발표하게 하라. 이러한 사례발표는 공동체를 전체적으로 성장하게 한다. 이것은 은혜를 정리하고 발표하는 방법적인 면에서도 개인이 성장하는 데 도움이 되지만, 교육을 통해서 받은 은혜를 나눔으로 인해 전체 공동체가 은혜를 누리게 된다. 아주 적은 것이라도 자주 이런 기회를 마련하는 것이 중요하다.

🌷 확인을 철저히 하라

모임이나 성경공부를 할 때 참석이나 진도의 확인은 너무나도 중요하다. 이 부분이 제대로 되어있지 않으므로 말미암아 중도에 포기하거나 한 사람이 오랫동안 참석지 못했음에도 발견하지 못하는 경우가 종종 발견된다. 무관심 속에서 잃어버리는 영혼이 있어서는 안된다.

🌷 가능하면 도표화하여 게시하라

가능하다면 도표화하여 서로가 자주 보면서 느끼게 하는 것이 좋다. 도표화를 하면 현재상황이 정확하게 점검 되므로 관리에 더욱 효과적이고, 또한 게시를 하여 서로가 자극을 주고받을 수 있다는 장점이 있다. 게시판에 표시되기 위하여서라도 적극적으로 모임에 참석하거나 성경공부를 열심히 하기도 한다.

Workshop(실습)을 시켜라

❶ 가르치는 것이 배우는 것이다

❷ 모든 교육을 같이 하라
  1) 전도폭발훈련
  2) 성경공부
  3) 심방

❸ 실습을 시켜라
  1) 실습할 수 있는 자료 만들기(성경공부 노트 등)
  2) 반복하여 연습시켜라.

❹ 사례발표를 시켜라

❺ 확인을 철저히 하라

❻ 가능하면 도표화하여 게시하라

10장
제자양성을 할 수 있도록 도우라

10장. 제자양성을 할 수 있도록 도우라

"또 네가 많은 증인 앞에서 내게 들은 바를 충성된 사람들에게 부탁하라 그들이 또 다른 사람들을 가르칠 수 있으리라" (딤후 2:2)

바울은 디모데에게 유언적 서신을 보내면서 자신에게서 배운 복음과 그에 합당한 삶의 모습을 충성된 사람들에게 계승시키라고 권면하고 있다. 바울은 저들이 또 다른 사람들에게 그 가르침을 이어가게 할 것임을 확신했다. 복음 운동은 당대에만 활발히 일어났다가 사라지는 단회적이어서는 안된다. 지속되어져야 하고 더 커져야 한다.

예수님께서 제자들을 양성하신 이유는 자신의 사역에서 복음역사가 멈추지 않고 후대에게도 지속적으로 사역이 이뤄지길 기대하셨기 때문이다. 예수님을 따르는 적잖은 제자들이 있었지만 예수님은 그 중에서 12명을 따로 세우시고 제자로 세우셨다. 그리고 저들에게 "땅끝까지 이르러 내 증인이 되리라"는 말씀을 주시며 복음전도자의 사명을 다하도록 명하셨다.

탁월한 사역자는 자신의 당대뿐만 아니라 본인이 떠난 후에도 그 역사가 지속되도록 훌륭한 일꾼들을 잘 세워놓는 것이다.

🌷 반드시 후계자를 양성하도록 하라

9장에서도 이야기했지만 가르치는 것이 성장의 가장 빠른 길이다. 학생의 신분이라 할지라도 잘 배웠다면 또 다른 사람을 가르칠 수 있도록 도우라. 이것은 직분을 맡았을 때도 마찬가지다. 자신이 감당하는 직분에 대한 후계자를 세울 수 있도록 도와야 한다. 한 명의 훌륭한 후계자를 세우려면 수많은 눈물과 기도의 씨앗을 뿌려야 한다. 그럴 때 비로소 예수님의 심정을 깨닫게 되고, 자신을 향한 하나님의 사랑이 얼마나 큰 것인지 깨닫게 된다.

또한 역사의 계승적 측면에서도 후계자 양성은 무척이나 중요하다. 후계자를 양성하지 못하여 역사가 단절될 경우 다시 그것을 회복하는 데는 몇 배의 수고와 노력을 감당해야만 한다. 제자양성의 무저♡ 흐규만 씬씨의 워씨위 성도를 민드는 데 있지 않다. 보다 핵심적인 것은 생명력 있는 제자, 즉 자신처럼 예수님을 닮아가고 또 사명을 가진 제자를 양성하는 데 있다. 따라서 사역자는 현재 모인 사람만을 양육하는 데만 힘쓸 것이 아니라 이들이 후계자를 양성하는 해산의 수고를 감당하는 리더가 되고자 하는 마음과 자세를 가지도록 훈련시켜야 한다. 바로 여기에 제자양육의 성패가 달려 있다.

💗 제자를 선택한다

예수님 곁에는 항상 수많은 무리들이 따라다녔다. 그들은 모두 예수님의 능력있는 말씀에 감동하였고, 또 많은 이들의 삶이 달라졌다. 그럼에도 불구하고 예수님께서는 그 중 열두 명만 뽑아 특별 훈련을 시켰다. 그 이유는 무엇인가? 익명의 불특정 다수에게 선포되는 말씀만을 가지고서는 참 제자의 삶을 알고 살아가는 데 어려움이 있기 때문이다. 또한 복음운동의 전략적 측면에서도 그것은 옳지 않다. 예수님을 십자가에 못 박으라고 외쳤던 사람 중 많은 이들이 과거 예수님을 따르며 감동받았던 이들이었음을 기억하자. 요컨대 '전도는 만인에게, 제자는 선택해서 세우라'는 공식을 마음에 새기도록 하라. 결국 예수님께 특별 훈련을 받은 이들이 세상을 바꾸어 놓았음을 잊지말라. 예수님께서 밤이 새도록 기도하시고 제자들을 선택하셨던 것처럼 기도하고 묻는 가운데 하나님께서 원하시는 이들을 제자로 선택하도록 해야 한다.

🌷 목자와 양으로 일대일 관계를 형성하도록 하라

앞에서도 언급했지만 사람은 책임이 주어졌을 때 성장할 수 있다. 여러 책임 중 가장 부담스러운 것은 무엇인가? 그것은 영혼에 대한 책임이다. 어떤 행사는 망쳤다고 해도 다음에 잘 하면 되겠지만 영혼은 그렇지 못하다. 그렇기에 영혼을 책임지게 되면 자신의 힘만으로 그를 돌보고 섬기는 것에 한계를 느끼게 되어 더욱 하나님께 나아가게 되고, 또 그의 아픔을 품으며 목자의 심정을 가지게 된다. 여러 사람을 이끄는 팀장으로서의 사역도 중요하지만 한 사람을 개인적이고 지속적으로 책임성 있게 돕는 것이 더욱 중요하다.

특별히 목자와 양으로 일대일 관계를 형성할 때, 우리는 그 관계 안에서 놀랍게도 하나님의 사랑을 경험한다. 자신을 믿고 따르는 양의 모습에 우리는 내 안에서 하나님의 사랑이 우러나옴을 경험한다. 여기에서 예수님의 "주는 것이 받는 것보다 복되다(행20:35)."라는 말씀의 의미를 깨닫는다. 또한 우리는 나를 향한 하나님의 사랑의 깊이를 체험한다. 목자는 주 안에서 양에게 사랑을 주면서 동시에 받는다. 이런 사랑의 체험이 우리로 하여금 더욱 예수님과 인격적인 관계의 신비를 알게 한다. 예수님 안에서 주는 훈련이야말로 청년사역을 활기 있게 만든다.

🌷 생활을 단순화하도록 한다

　삶이 너무나 바쁜 사람들은 예수님의 제자가 되기에 부적합하다. 이런 사람은 자기가 해야 될 일 뿐 아니라 불필요한 일까지 쫓아다니는 경향이 있다. 아무리 능력이 많은 사람이라도 그 한계는 분명하다. 한 사람이 너무나 많은 일들을 맡아서 하게 되면 모든 일을 다 잘 할 수도 없을 뿐 아니라 그 일의 과중함으로 인해서 개인경건생활마저도 무너지게 된다. 따라서 학생들을 도울 때 생활을 단순화시킬 필요가 있다. 대학생의 경우 신앙훈련과 학업 정도를 기본으로 하도록 하고 취미생활이 많다면 그것도 줄일 수 있도록 도와야 한다. 사실 청년 대학생 시절은 많은 것을 하기에는 너무나 시간이 짧다. '단순함'에서 능력이 나오고 집중력이 생기는 것이다.

🌷 리더 훈련을 시켜라

　리더 훈련에도 여러 가지가 있을 것이다. 말씀을 좀더 깊이 있게 묵상할 수 있도록 하는 훈련, 팀을 맡아 통솔할 수 있는 훈련, 하나님의 뜻을 사람들에게 설득력 있게 증거할 수 있는 능력 등등. 이런 훈련을 위해서는 사역자의 과감한 리더십 이양이 무엇보다도 중요하다. 학생들은 앞에 나서기를 좋아한다. 책임을 맡겨주면 어떻게 해서든지 그것을 이루기 위해 노력한다. 이들이 지금 당장은 청년부의 리더 훈련을 받게 되겠지만 단순히 거기에서 끝나는 것이 아니다. 이들은 바로 다음 시대의 리더들인 것이다. 이들을 청년부에서 훈련시키면 그것은 바로 이 시대를 이끌어 갈 수 있는 리더를 양성하는 것임을 명심하라.

💗 다른 사람을 돕도록 하라

예수님은 그의 전 생애가 다른 사람들을 돕는 것이었다. 예수님께서는 영적인 면과 육적인 면을 모두 섬기셨다. 우리도 그렇게 해야 한다. 배고픈 이에게는 밥을 먹여야 한다. 깊은 좌절감에 빠져 있는 이에게는 위로가 필요하다. 사람을 돕는다는 것은 전인적으로 돕는 것이다. 구제를 한다고 해서 물질만 주는 것은 진정한 구제라 할 수 없다. 사람을 돕되 그의 필요를 알아 세밀하고 깊이 있게 돕도록 해야 한다.

💗 자신의 진로를 결정하고 직업관을 갖도록 하라

사람은 목표가 분명할 때 그것을 위해서 더욱 노력할 수 있다. 특히나 그것이 자신의 인생과 연관될 때 그것을 위한 노력은 배가될 수 있다. 학생들로 하여금 인생에 대한 깊이 있는 고민을 하도록 하고 진로를 결정할 수 있도록 도와야 한다. 특히나 직업에 대하여 가르칠 때는 먼저 직업관에 대한 것을 분명히 가르쳐라. 20년 후의 자이 땅을 지내가면서 주님을 위해 어떻게 헌신할 것인가에 대한 꿈을 꾸게 해야 한다.

🌷 다른 사람과 차별화하여 훈련시켜라

훈련은 함께 시키는 것보다 개별적으로 시키는 것이 더 효과적이다. 특히 훈련은 대상과 초점을 명확히 해야 한다. 리더모임, 팀장, 셀장, 순장, 임원 등 여러 직분이 있고, 그 직분에 따라 필요한 훈련이 있다. 따라서 훈련을 차별화시킬 필요가 있다. 그럴 때 목표가 분명해지고 효과도 확실해진다. 또한 훈련을 훈련답게 시키는 것도 중요하다. 훈련을 한다고 사람을 불러놓고 흐지부지 해버리면 사역자에 대한 신뢰감마저 잃어버리게 된다. 제자는 태어나는 것이 아니라 훈련을 통하여 만들어지는 것이다.

10장 제자양성을 할 수 있도록 도우라

제자양성을 할 수 있도록 도우라

❶ 반드시 후계자를 양성하도록 하라

❷ 제자를 선택한다

❸ 목자와 양으로 일대일 관계를 형성하도록 하라

❹ 생활을 단순화하도록 한다

❺ 리더 훈련을 시켜라

❻ 다른 사람을 돕도록 하라

❼ 자신의 진로를 결정하고 직업관을 갖도록 하라

❽ 다른 사람과 차별화하여 훈련시켜라

■나오는말■

캠퍼스를 떠난지 벌써 10여년이 흘렀다. 그러나 나는 아직도 꿈 속에서 캠퍼스를 거닐고 있다. 그 꿈속에서 나는 청년들 앞에서 설교하고 있고 성경을 가르치고 있다. 또 내가 머물렀던 센터의 화장실을 청소하고 있다. 나는 지금 꿈으로 보지만, 지난 세월은 정말 꿈같이 행복했던 시절이었다. 요즘 여기저기에서 캠퍼스 사역의 어려운 이야기를 듣는다. 그때마다 마음이 아프고 슬프다. 이것은 지난날 내가 했던 일에 대한 애착 때문이 아니다. 캠퍼스에서 기독 청년 사역이 사라진다면 장차 한국교회의 미래도 없어지기 때문이다.

실제로 필자가 목회하는 도시에서 성인이 약 1,000여 명 모이는 교회 대학부 졸업생이 겨우 3명이라는 담임목사와의 절박한 상담을 한 경험이 있다. 이러한 현상은 우리가 생각하는 것보다 훨씬 빠르게 다가오고 있다. 어느 날 갑자기 교회가 텅 비어 버리는 공동화 현상이 도래하고 말 것이다.

2012년도에 학원복음화협의회에서 여론전문조사기관 ㈜ 글로벌 리서치에 의뢰하여 대학생 1,359명을 조사한 결과도 이를 뒷받침 해준다. 조사결과에 따르면 대학생 1,000명 중 기독대학생은 172명 (17.2%)으로 조사되었다. 천주교는 7.3%, 불교 8.8%였고, 무교라고 응답한 비율은 66.7%라고 응답하였다. 통계청의 인구센서스에서 20~24세 기독교인 비율은 1995년 21.3%에서 2005년 18.7%로 감소 하고 있는 흐름과 비슷한 결과이다. 아마도 2015년 인구센서스에는 이러한 추세가 더 가속화될 것이다. 점점 더 청년 대학생들이 교회 를 떠나고 있는 것이다.

나는 어떤 경우라도 "캠퍼스 선교와 교회 청년부는 반드시 살려 야한다"라고 한국교회에 외친다. 나의 외침이 허공의 메아리로 끝 나지 않기 위해 용기를 내어 글을 써서 이 책을 내고자 했다. 이것은 신학적 체계를 가진 글이 아니다. 나의 인생의 황금기인 20-40대에 복음 들고 캠퍼스를 누비면서 살았던 지난날을 회고하면서 쓴 글이다. 이것은 연구한 논문도 아니고 좋은 아이디어를 모아 놓은 것도 아니다. 오직 내가 살아왔던 기독청년사역에 대한 정리이다. 그렇기에 여기에는 예수님 안에서 기독청년사역에 대한 열망이 있고, 또 갈등과 좌절도 있다. 이것이 바로 복음을 붙잡고 살았던 내 삶이었다.

나는 이 책을 캠퍼스 선교와 대학 청년부 운동의 중요성을 알지만 그 거대한 벽 앞에서 낙심하고 있는 사역자에게 주고 싶다. 이들에게 '실제적인 지혜가 되지 않을까?' 하는 작은 기대가 있다. 나의 20여 년간의 경험에서 우러나온 지혜가 이들로 하여금 "이렇게 하면 나도 할 수 있다"라는 격려와 도전이 되기를 바란다. 아무쪼록 나의 소망은 캠퍼스와 교회 청년부가 부흥되는 것이다. 이 일만 이루어질 수 있다면 한국교회는 다시 일어설 것이다. 이제 교회는 사람을 모으고 또 건물을 짓는 외형적인 일보다 우리 교회 청년부가 지금 어떤 상황인가를 긴급하게 살펴야 한다. 만약 청년부가 침체되어 있다면 교회의 가장 큰 위기로 받아들여야 한다. 그리고 청년부 활성화를 위해서 교회의 모든 총력을 다 기울여야 한다. 청년만이 한국 기독교와 교회의 소망이다. 나는 이 일을 위해서 날마다 기도한다.

임종학